RESEARCH ON THE PRAC
EDIA CONVERGENCE IN
SCIENCE AND TECHNOLOGY COMMUNICATION

融媒体
科技传播实践研究

▶ 武 丹 钟 琦 ◎ 著

中国科学技术大学出版社

内 容 简 介

自2014年以来,在国家方针政策的指导下,媒体融合成为了中国媒体发展的主旋律和关键词。随着媒体融合的不断推进,我国的媒体生态已经发生了巨大的变化,融媒体的传播体系逐渐形成,这为科技传播提供了新的传播环境和机遇。

本书从实践角度出发,通过选取较有代表性的中央级主流媒体、省级融媒体平台及县级融媒体中心作为研究对象,自上而下全面梳理和分析不同级别的融媒体平台建设及科技传播情况,力图找出融媒体科技传播中存在的问题,并提出相应的提升融媒体科技传播能力的策略和建议。

图书在版编目(CIP)数据

融媒体科技传播实践研究/武丹,钟琦著. —合肥:中国科学技术大学出版社,2022.6
ISBN 978-7-312-05405-1

Ⅰ. 融… Ⅱ. ①武… ②钟… Ⅲ. 科学技术—传播学—研究—中国 Ⅳ. G206.2

中国版本图书馆 CIP 数据核字(2022)第 039336 号

融媒体科技传播实践研究
RONGMEITI KEJI CHUANBO SHIJIAN YANJIU

出版	中国科学技术大学出版社 安徽省合肥市金寨路96号,230026 http://press.ustc.edu.cn https://zgkxjsdxcbs.tmall.com
印刷	安徽联众印刷有限公司
发行	中国科学技术大学出版社
开本	710 mm×1000 mm 1/16
印张	10
字数	152千
版次	2022年6月第1版
印次	2022年6月第1次印刷
定价	68.00元

前　言

媒体在科技传播中的作用及重要性是显而易见的。当整个媒体的生态系统发生巨大改变时,科技传播也必然受到相应影响,继而做出相应改变。

2014年,媒体融合上升为我国的国家战略后,便成为媒体发展演进的主旋律。技术的日新月异为媒体融合提供了基础条件,层出不穷的新媒体形态打破了各类媒体间的壁垒,使融合成为可能。媒体产业,尤其是传统媒体自身的发展需求也成为媒体融合的内在动力。国家根据媒体发展趋势及功能定位,及时制定方针政策,着力重塑媒体格局,成为媒体快速深入融合的根本推动力。截至目前,我国媒体的重新布局已初步完成,中央级、省市县级融媒体平台纷纷建成,其中也打造了一批具有强大影响力和竞争力的新型主流媒体。在今后的一段时间内,还将进一步推动媒体融合向纵深发展,继续深化体制机制改革,建立以内容建设为根本、先进技术为支撑、创新管理为保障的全媒体传播体系。

处于媒体形态变化冲击之下的科技传播,显然要同时面临这种变化带来的机遇与挑战。一方面,媒体形态的丰富、传播手段的多样化可以使科技信息的传播效率和接受度得到提升;另一方面,无论是从科技本身还是从传播者、传播媒介来看,传播的复杂性都会有所增加。如何利用融媒体平台进行科技传播,更好地提供公共文化服务,提高基层公众科学素养,无论是从理论层面还是从实践层面都需要进一步探讨。

本书从实践角度出发,通过选取较有代表性的中央级主流媒体、省级融媒体平台及县级融媒体中心作为研究对象,自上而下全面梳理和分析不同级别的融媒体平台建设及科技传播情况,力图找出融媒体科技传播中存在的问题,并提出相应的提升融媒体科技传播能力的策略和建议。

全书共有六章内容。第一章绪论部分阐述了媒体融合的必然性及媒体融合环境下科技传播面临的机遇和挑战;第二章全面梳理了我国媒体融合的发展进程,对融媒体的概念和特征进行解读;第三章至第五章是本书的研究重点,分别对中央级主流媒体、省级融媒体平台及县级融媒体中心融合发展状况及科技传播实践情况进行了总结,并根据研究需求采用不同的方法分别选取相应的案例进行分析;第六章提出了提升融媒体科技传播能力的对策和建议。

从《媒介·科技·传播:大众传媒科技传播现状研究》到《融媒体科技传播实践研究》,笔者一直密切关注媒体的变化及发展趋势对科技传播产生的影响,探索新的媒体形态对科技传播的改变。本书从实践入手,涵盖了对不同层级融媒体科技传播状况的表层分析,希望能为后续的深入研究打下良好的基础。当然,笔者对融媒体科技传播的研究才刚刚起步,媒体融合又处于不断发展变化的过程中,研究中难免存在不足之处,欢迎大家批评指正。同时,在这里对在本书出版中做出贡献的各位老师表示衷心的感谢!

武　丹
2022 年 1 月

目录

前言 / i

第一章　绪论 / 1
一、媒体融合的概念 / 3
二、媒体融合是当下媒体发展的必然趋势 / 5
三、媒体融合环境下科技传播面临的机遇与挑战 / 8
四、本书研究的目的、意义及研究对象 / 9

第二章　我国媒体融合的发展进程 / 11
一、从"三网融合"说起 / 13
二、媒体融合之路 / 15
三、媒体发展的新样态——融媒体 / 21

第三章　中央级主流媒体融合发展现状及科技传播实践 / 25
一、中央级主流媒体是我国媒体融合之路的排头兵 / 27
二、融合发展使中央级主流媒体在科技传播中发挥了更大作用 / 35
三、媒体融合背景下科普热点焦点事件传播案例 / 39

第四章　省级融媒体平台建设现状及科技传播实践 / 63

　　一、省级融媒体平台建设概述 / 65

　　二、省级融媒体平台科技传播案例 / 75

　　三、省级融媒体平台应急传播状况分析
　　　　——以抗击新冠疫情为例 / 97

　　四、融媒体科技传播的其他模式 / 102

　　五、省级融媒体平台建设和科技传播中存在的主要问题 / 107

第五章　县级融媒体中心建设状况及科技传播实践 / 109

　　一、县级融媒体中心建设概述 / 111

　　二、县级融媒体中心科技传播案例 / 119

　　三、县级融媒体中心科技传播主要方式 / 133

　　四、县级融媒体中心建设和科技传播中存在的主要问题 / 135

第六章　提升融媒体科技传播能力的对策和建议 / 139

　　一、国家层面：加强顶层设计，出台扶持政策 / 141

　　二、融媒体平台：全方位提升自身科技传播能力 / 142

　　三、各级科协及其他相关部门：增强合作意识，提供科技传播资源，创新传播模式 / 147

Research on the Practice of
Media Convergence in
Science and Technology Communication

第一章
绪论

一、媒体融合的概念

二、媒体融合是当下媒体发展的必然趋势

三、媒体融合环境下科技传播面临的机遇与挑战

四、本书研究的目的、意义及研究对象

近年来,随着移动通信技术和互联网的飞速发展,新兴媒体不断涌现。它们的出现不仅打破了媒体间的壁垒,也为不同媒体提供了资源整合的基础和条件。传统媒体之间、传统媒体与新媒体之间形成了一种互为补充、相互融合的关系。根据当下媒体传播格局、舆论样态、受众对象、媒体环境的变化,为适应日趋移动化、碎片化、自主化的传播特点,媒体间的深度融合已经成为媒体发展的必然趋势。

一、 媒体融合的概念

关于媒体融合的提法,最早可以追溯到20世纪70年代末,著名的计算机科学家尼古拉斯·尼葛洛庞帝(Nicholas Negroponte)提出了"三圆交叠"说(见图1.1),三个相互交叉的圆分别代表广播和动画业、电脑业、印刷和出版业。三圆交叠演示出广义上的媒体产业正趋于汇聚融合,被认为是媒体融合的雏形。

"媒体融合"(media convergence)的概念一般被认为是由美国人伊契尔·德·索拉·普尔(Ithiel de Sola Pool)于1983年在《自由的科技》一书中提出的,其定义是基于多功能、数字化的产业融合的视角来阐述媒介融合现象,含义为"各种媒介呈现出多功能一体化的趋势"[1]。其中,对媒

---

[1] 孟建,赵元珂.媒介融合:作为一种媒介社会发展理论的阐释[J].新闻传播,2007(2):14.

介融合的理解更多地是将电视、报刊等传统媒体融合在一起。之后,很多学者也对媒体融合进行了探讨,如在托马斯·鲍德温等合著的《大汇流——整合媒介信息与传播》、罗杰·菲德勒的《媒介形态变化——认识新媒介》、凯文·尼曼的《大媒体潮》等书中,都阐述了对媒体融合的一些观点。而从 20 世纪 90 年代末开始,一些有关媒体融合基本概念的西方著作也被译介到我国,虽然这些著作并未对媒体融合进行系统的探讨,但对我国的媒体研究者有着重要的启发意义,也奠定了我国早期媒体融合研究的理论基础。

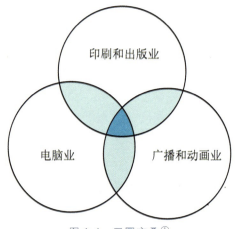

图 1.1　三圆交叠①

在国内的传播学者中,最早引介了西方"媒体融合"概念的是崔保国。1999 年,他在《技术创新与媒介变革》②一文中曾有过描述。但最先将"媒体融合"作为一种正式的学理性概念引入国内的是蔡雯。她明确地指出,"媒介融合是指在以数字技术、网络技术和电子通信技术为核心的科学技术的推动下,组成大媒体业的各产业组织在经济利益和社会需求的驱动下通过合作、并购和整合等手段,实现不同媒介形态的内容融合、传播渠道融合和媒介终端融合的过程"③。国内其他学者也从不同的视角和方

---

① 菲德勒.媒介形态变化:认识新媒介[M].明安香,译.北京:华夏出版社,2000.
② 崔保国.技术创新与媒介变革[J].当代传播,1999(6):23-25,33.
③ 蔡雯,王学文.角度·视野·轨迹:试析有关"媒介融合"的研究[J].国际新闻界,2009(11):88.

向对媒介融合做了相关的研究,如孟建、赵元珂的《媒介融合:粘聚并造就新型的媒介化社会》[1],陈伟军的《媒介融合与话语越界:传媒文化的多维阐释与散点透视》[2],喻国明、丁汉青的《传媒经济学:中国的学科构建》[3]等,从媒介史研究、文化研究及政治经济学等多维度对媒介融合进行了阐述。

到目前为止,媒体融合的概念并没有一个统一的界定,但从诸多学者对媒体融合概念的论述中可以将媒体融合基本分为广义和狭义两类。广义来说,媒体融合泛指所有媒体及其相关要素的组合及汇聚;狭义来说,媒体融合单指由两种或两种以上的媒体相互融合在一起,形成的一种新型媒体形态。但由于"媒体融合"的概念是基于媒体自身的发展与实践过程而不断变化的,因此,对这一概念的阐释也随着技术和社会生态的变化而不断丰富、与时俱进,在理论和现实的互动中不断迸发出新的活力。其实,与其试图去定义"媒体融合"的概念,我们更应将其看作现今时代背景下一种媒体发展的理念。它将广播、电视、报纸、期刊等传统媒体与互联网的优势相互整合,互为利用,全面提升其功能和价值,使单一媒体的竞争力变为多媒体共同的竞争力。而关于媒体融合的内涵,不仅包括媒体表面形态的融合,也包括媒体功能、传播内容、传播手段、组织结构等要素的深层次融合。

二、媒体融合是当下媒体发展的必然趋势

(一)传统媒体具有不可替代性

新媒体的出现给传统媒体带来了巨大冲击,传统媒体是否会退出历

---

[1] 孟建,赵元珂.媒介融合:粘聚并造就新型的媒介化社会[J].国际新闻界,2006(7):24-27,54.
[2] 陈伟军.媒介融合与话语越界:传媒文化的多维阐释与散点透视[M].北京:中国社会科学出版社,2011.
[3] 喻国明,丁汉青.传媒经济学:中国的学科构建[M].北京:人民日报出版社,2015.

史舞台曾一度成为人们热议的话题。但事实上,传统媒体在传播上具有的一些优势是不可被替代的,如品牌优势、价值优势和内容生产优势。

1. 品牌优势

传统媒体经过几十年的发展,有着深厚的积淀,其在传播中的中心位势、可靠的权威消息来源、庞大的公共关系网络等要素在读者心中树立起了权威的品牌,新媒体无法在短时间之内与之媲美。

2. 价值优势

传统媒体传播的信息具有权威性、公信力强等属性。特别是一些主流媒体,如中央电视台、人民日报、新华社等传统媒体,在受众心目中的权威性和公信力都是新媒体所无法比肩的。在媒体形态多样化、信息海量化的今天,媒体公信力是受众选择获取信息来源的重要影响因素。它是媒体必须秉承的内在品质,也是媒体赖以生存与发展的核心竞争力。

3. 内容生产优势

因为传统媒体拥有国家赋予的采访报道权、广阔的信息渠道和自己的采编队伍,所以内容生产力强,可以生产出具有鲜明的观点和独立主张的原创新闻。而与传统媒体相比,根据我国当前的相关法规政策规定,新媒体在新闻报道的采编权限方面受到很大限制,其发布的新闻信息在很多时候只能转自传统媒体。除此之外,传媒媒体在报道的高度、广度和深度上,也比新媒体更有优势。

(二)新媒体的发展势不可挡

技术的进步催生出多种新媒体形态,不仅促使传媒产业产生巨大变革,更重要的是使社会生活方式发生了深刻的改变。与传统媒体相比,新媒体在传播上的优势也显而易见,如及时性、互动性、表现形式的多样性、碎片化、个性化等。

新媒体在传播方面的一个突出特点就是其及时性。与传统媒体相比，新媒体的传播时效高，时间限制较小，随时可以加工发布信息。而其互动性则是区别于传统媒体的最大特征。人们不仅是信息的接受者，也可以成为信息的发布者，这种由单向传播向双向传播的转化，是新媒体在传播上的本质变化之一。同时，新媒体的表现形式也具有多样性，可以将文字、声音、画面等多种要素融为一体，使内容的呈现方式更为丰富和生动。

由于市场受众日趋细分，新媒体传播也展现出个性化特征。受众可以根据个人需求通过新媒体定制自己所需内容。不仅受众的选择性增多，信息传播者与接受者的关系也走向平等。

（三）传统媒体与新媒体之间有融合互补需求

首先，媒体融合是传统媒体与新媒体生存发展的需要。对任何一个媒体来说，生存发展都是必须面对的首要问题。无论是在新媒体冲击下举步维艰的传统媒体，生存发展还是在内容生产等诸多方面有所欠缺的新媒体，要想在不断变化的市场环境和传播环境中继续前进，就必须提升自身的整体传播能力。上述传统媒体和新媒体各自的优势恰恰也是对方的劣势，只有进行媒体融合才能更好地发挥各自的优势，弥补劣势，持续生存和发展。因此，二者融合互补是媒体发展的必然选择。

其次，媒体融合是国家推进宣传文化领域改革创新的需要。在2014年出台的《关于推动传统媒体和新兴媒体融合发展的指导意见》中明确指出，整合新闻媒体资源，推动传统媒体和新兴媒体融合发展，是落实中央全面深化改革部署、推进宣传文化领域改革创新的一项重要任务，是适应媒体格局深刻变化、提升主流媒体传播力公信力影响力和舆论引导能力的重要举措。通过融合发展，使我们的主流媒体科学运用先进传播技术，增强信息生产和服务能力，更好地传播党和政府声音，更好地满足人民群众的信息需求。媒体融合发展也已写入我国"十四五"规划中。新时期媒体融合创造的新的媒体形态将承担更多社会功能，发挥越来越重要的作用。

最后，媒体融合也是公众需求的结果。根据2021年8月发布的第48

次《中国互联网络发展状况统计报告》,目前我国网民规模已达10.11亿人,互联网普及率高达71.6%。在社会环境和传播环境都发生巨大变化的情况下,公众对接收和传递信息的需求也随之发生变化。当海量信息扑面而来时,公众需要在短时间内以最便捷的方式去迅速获取具有权威性、准确性的信息。显然,传统媒体与新媒体的融合正是将二者优势结合、劣势弥补,以满足公众需求的最佳选择。

正如习近平总书记指出的:"传统媒体和新兴媒体不是取代关系,而是迭代关系;不是谁主谁次,而是此长彼长;不是谁强谁弱,而是优势互补。"媒体融合是媒体生态环境发展变化中的一个必然阶段。

三、媒体融合环境下科技传播面临的机遇与挑战

科技传播,始终围绕着科学本身、科技传播者(科学家)、传播媒介、公众几个方面展开。媒体在科技传播中一直扮演着重要角色,发挥着重大作用。第十一次公民科学素质调查数据显示:通过电视、互联网及移动互联网获取科技信息的公民比例分别为85.5%和74.0%,其中将互联网及移动互联网作为首选的公民比例为49.7%。除此之外,公民获取科技信息的渠道依次为:亲友同事(36.2%)、广播(32%)、报纸(30.2%)、期刊(21.2%)和图书(20.9%)等①。而随着媒体形态的变化,在融媒体传播体系逐步形成后,对科技传播也将产生深远的影响。

从科学本身来看,① 即使是无争议的科学知识也会因一系列因素导致传播的复杂性,如科学信息的复杂度,人们处理这些信息的方式的复杂度,社会影响、网络、规范、群组成员身份等的复杂度。融媒体传播体系会极大地放大上述科技传播的复杂度。② 当科学话题具有争议性时,原本

---

① 何薇,张超,任磊,等. 中国公民的科学素质及对科学技术的态度:2020年中国公民科学素质抽样调查报告[J]. 科普研究,2021,16(2):5-17,107.

复杂的任务会变得更为复杂。特别是在突发事件中，争议性又被扩大。融媒体传播环境下的公众类型更多、争议也更为聚焦。③ 当公众将科学本身的不确定性视为不同传播者传递的不同且有时自相矛盾的信息时，融媒体为改善科技传播中的不确定性提供了机遇。

从传播者来看，在与科学相关的争议中，组织利益和有影响力的人物的声音在公共话语中被放大了。在融媒体环境下，越来越多的自媒体人，尽管具有较高的公共话语影响力，但是由于科学素养的缺乏，妨碍了其对科学知识进行清晰有效的传播。

从传播媒介来看，传播模式的不断变迁，多样化且又不断演变的媒体形式影响了人们接受科学的方式，传统媒体、社交媒体都在这个过程中以各种方式传播科学消息。高风险、利益冲突、不确定性、对风险后果的关切使得那些试图传播科学、运用科学的个人和机构的数量也在增多。融媒体代表着媒体传播模式的演化发展，同样也意味着科技传播也应随之与时俱进。

融媒体作为新的传播方式、新的媒体传播矩阵，为科技传播提供了新的传播环境和机遇。无论从理论还是实践层面，如何利用融媒体平台进行科技传播，更好地提供公共文化服务，提高基层公众科学素养，仍需进一步探讨。

四、本书研究的目的、意义及研究对象

（一）研究的目的和意义

在媒体融合的全新生态系统下，如何有效地进行科学传播，成为理论界与实践界共同思考的问题。尽管国内外学者已经对新媒体视角下的科技传播进行了相应的思考，但受到发展阶段等因素的限制，对融媒体建设现状下的科技传播研究还有所欠缺。

本书研究的意义在于，不仅全面、系统地梳理了当前全国各地融媒体

平台的建设与发展状况，更从实践角度出发，通过典型案例对各级融媒体平台的科技传播情况进行详细分析，总结其工作经验，力图找出存在的问题，并提出提升融媒体科技传播能力的对策和建议，对于指导融媒体环境下科技传播工作的开展具有较强的现实意义。

（二）研究对象

自2014年以来，在国家方针政策指导下，媒体融合的进程不断加深加快。许多媒体纷纷打造自己的融媒体平台，特别是传统主流媒体，走在融合改造的最前列。如人民日报社率先建起"中央厨房"，起到了很好的示范作用，新华社、中央电视台等主流媒体也纷纷建起各自的"中央厨房"，取得了良好的传播效果。

2019年，国家全面推进省级和县级融媒体建设，进行全国性的布局，出台相应的要求和建设规范，使得省（市）县级融媒体建设如火如荼。截至2020年底，县级融媒体中心已基本实现全国覆盖。

鉴于目前我国在不同层面上的媒体融合都已取得一定的成果，本书的研究对象也涵盖了上述融媒体平台，即对中央级主流媒体的融媒体平台、省级融媒体平台及县级融媒体中心的建设和科技传播情况展开研究。

第二章

我国媒体融合的发展进程

一、从"三网融合"说起

二、媒体融合之路

三、媒体发展的新样态——融媒体

从三网融合到媒体融合，我国的融合理念一直在发展变化。目前，在国家方针政策的推动和指导下，我国正全力推进媒体融合的进程。经过近年的探索，如今的媒体融合已经从相加走向相融，不断拓展融合的深度与广度，并取得显著成效。

一、从"三网融合"说起

早在20世纪90年代中后期就有专家提出了"三网融合""三网合一"的概念。所谓的"三网"，是指有线电视网络、电信网络和计算机网络。"三网融合"意指电信网络、有线电视网络和计算机网络相互渗透、互相兼容，并逐步整合为全世界统一的信息通信网络，其中互联网是其核心部分，三者之间相互交叉，形成你中有我、我中有你的格局。"三网融合"涉及技术融合、业务融合、行业融合、终端融合及网络融合。

2001年3月，国家"十五"规划纲要中第一次明确提出"三网融合"："促进电信、电视、计算机三网融合。"2006年3月，"十一五"规划纲要中则再度提出积极推进"三网融合"。2008年1月1日，国务院办公厅转发发展改革委、科技部、财政部、信息产业部、税务总局、广电总局六部委《关于鼓励数字电视产业发展若干政策的通知》，提出"以有线电视数字化为切入点，加快推广和普及数字电视广播，加强通信网、数字电视网和下一代互联网等信息基础设施建设，推进'三网融合'，形成较为完整的数字电视产业链,实现数字电视技术研发、产品制造、传输与接入、用户服务相关产业协调发展"。2010年1月13日,国务院常务会议决定加快推进电信网、广播电视网和互联网三网融合,会议提出了推进三网融合的阶段性目标:"2010年至2012年,重点开展广电和电信业务双向进入试点,探索形成保障三网融合规范有序开展的政策体系和体制机制;2013年至2015年,总结推广试点经验,全面实现三网融合发展,普及应用融合业务,基本形成适度竞争的网络产业格局,基本建立适应三网融合的体制机制和职责清晰、协调顺畅、决策科学、管理高效的新型监管体系。"2015年9月4日,国务院办公厅下发通知,公布《三网融合推广方案》。方案提出了六项目标、四项主要工作任务、四项保障措施,以推动三网融合的发展。

为了推进三网融合的工作,各相关部委也都积极推进这一融合计划。2009年,国家广电总局发文《关于加强广播电视有线网络发展的若干意见》,提出有线网络发展改革的总体要求和工作目标,为"三网融合"打好基础。同年,工信部也在公布的《电子信息产业调整和振兴规划》中明确提出要加快第三代移动通信网络、下一代互联网和宽带光纤接入网建设,推进三网融合。

自从在国家政策指导下推动三网融合以来,包括电视媒体在内的各种传统主流媒体与电信、互联网的融合之路并不顺畅,虽然在某种程度上取得了一定的成效,如各省市电视台的新媒体部门与当地电信、移动、联通成功对接,通过提供电视直播信号进行合作,但有些也收效甚微。原因来自于各个方面,核心问题在于融合各方存在利益纠葛。但在十多年的摸索发展过程中,"三网融合"取得的成果还是为媒体融合提供了前期框架设计下的一些可用内容和技术储备。传统主流媒体利用互联网技术与电信及互联网合作,进行了大胆的探索和有益的尝试,如中国移动通信有限公司和中广传播集团有限公司共同利用CMMB技术推出的CMMB手机电视,湖南卫视推出的芒果TV等,就是这种探索和尝试结出的果实。可以说三网融合的发展过程为媒体融合发展打下了一定的基础。

二、 媒体融合之路

媒体融合是信息时代背景下的媒体发展新理念,是在互联网迅猛发展基础上的传统媒体的有机整合。从我国的媒体融合发展进程来看,2014年至关重要。在这一年,媒体融合上升到国家战略层面,中央开始进行战略部署和指导,全面推进融合的进程,因此,2014年也被称为"媒体融合元年"。

(一) 国家政策大力推进媒体融合

2014年以后,中央和各部委相继出台了若干方针、政策和措施,加速媒体融合的进程。下文依据时间线,对媒体融合的相关重要政策措施进行梳理。

2014年8月,中央全面深化改革领导小组第四次会议审议通过了《关于推动传统媒体和新兴媒体融合发展的指导意见》,将媒体融合上升为国家战略。在这一意见中,中央对新形势下如何推动媒体融合发展提出了明确要求,作出了具体部署。该指导意见的出台对媒体融合的发展无疑具有十分重大的意义。

2015年12月,习近平总书记视察解放军报社并发表重要讲话,指出:"要研究把握现代新闻传播规律和新兴媒体发展规律,强化互联网思维和一体化发展理念,推动各种媒介资源、生产要素有效整合,推动信息内容、技术应用、平台终端、人才队伍共享融通。"

2016年7月,国家新闻出版广电总局发布《关于进一步加快广播电视媒体与新兴媒体融合发展的意见》,提出九项重点任务,包括:树立深度融合发展理念;加快融合型节目体系建设;加快融合型制播体系建设;加快融合型传播体系建设;加快融合型服务体系建设;加快融合型技术体系建设;加快融合型经营体系建设;加快融合型运行机制建设;加快融合型人才队伍建设。该意见促使我国各级媒体纷纷加大推进媒体融合发展的力度,进一步创新理念、整合资源、促进广播电视媒体转型升级,提升广播电视媒体在网络空间的传播力、影响力、公信力和舆论引导能力,加快了广播电视媒体与新兴媒体融合发展进程。

2017年5月,中共中央办公厅、国务院办公厅编制《国家"十三五"时期文化发展改革规划纲要》,其中也提出要推动媒体融合发展。扶持重点主流媒体创新思路,推动融合发展尽快从相"加"迈向相"融",形成新型传播模式。支持党报党刊、通讯社、电台电视台建设统一指挥调度的融媒体中心、全媒体采编平台等"中央厨房",重构新闻采编生产流程,生产全媒体产品。明确不同类型、不同层级媒体定位,统筹推进媒体结构调整和融合发展,打造一批新型主流媒体和媒体集团。

2017年9月,国家新闻出版广电总局根据"十三五"规划出台的相关文件,编制《新闻出版广播影视"十三五"发展规划》,在主要任务中有一项内容是"深化一体发展,推动媒体融合取得新突破"。具体内容仍依据之前出台的相关文件制定。

2018年8月,习近平总书记在全国宣传思想工作会议上明确指出:"要扎实抓好县级融媒体中心建设,更好引导群众、服务群众"。

2018年11月14日,习近平总书记主持召开中央全面深化改革委员会第五次会议并发表重要讲话。会议审议通过的文件之一《关于加强县级融媒体中心建设的意见》中指出组建县级融媒体中心,有利于整合县级媒体资源、巩固壮大主流思想舆论。

2018年11月16日,国家广播电视总局印发《关于促进智慧广电发展的指导意见》,进一步加快广播电视与新兴媒体融合发展、推动县级融媒体中心建设等都是其中的重点任务内容。

2019年1月,中共中央宣传部、国家广播电视总局发布了《县级融媒体中心省级技术平台规范要求》,为县级技术平台的设计、建设、运维提出了方向指引。

同月,习近平总书记在中共中央政治局第十二次集体学习时发表了推动媒体融合向纵深发展、做大做强主流舆论的重要讲话。提出主流媒体要大胆运用新技术、新机制、新模式,加快融合发展脚步;通过技术支撑和内容建设,打造一批具有强大竞争力的新型主流媒体,从而掌握舆论场主动权和主导权。

2019年8月,科技部等六部门印发《关于促进文化和科技深度融合的指导意见》,其主要任务中包括推动媒体融合向纵深发展。

2020年9月26日,中共中央办公厅、国务院办公厅印发《关于加快推进媒体深度融合发展的意见》。要求深刻认识全媒体时代推进这项工作的重要性紧迫性,坚持正能量是总要求、管得住是硬道理、用得好是真本事,坚持正确方向,坚持一体发展,坚持移动优先,坚持科学布局,坚持改革创新,推动传统媒体和新兴媒体在体制机制、政策措施、流程管理、人才技术等方面加快融合步伐,尽快建成一批具有强大影响力和竞争力的新型主流媒体,逐步构建网上网下一体、内宣外宣联动的主流舆论格局,建立以内容建设为根本、先进技术为支撑、创新管理为保障的全媒体传播体系。

2020年10月29日,在《中共中央关于制定国民经济和社会发展第十四个五年规划和二〇三五年远景目标的建议》中,对于媒体融合的发展给出了明确的要求:推进媒体深度融合,实施全媒体传播工程,做强新型主流媒体,建强用好县级融媒体中心。

2020年11月,国家广播电视总局出台《关于加快推进广播电视媒体深度融合发展的意见》,进一步明确了下一步媒体融合的发展目标和任务。

国家不仅制定了一系列方针政策,也采取了相应的措施推进媒体融合进程。2019年,国家广播电视总局先后发布《总局办公厅关于建立"国家广播电视总局媒体融合发展专家库"的通知》和《总局关于创建广播电视媒体融合发展创新中心有关事宜的通知》。通过建立"国家广播电视总局媒体融合发展专家库"和择优创建"广播电视媒体融合发展创新中心"等措施,汇聚各方力量和全行业智慧,贯彻落实好中央"推动媒体融合发展、构建全媒体传播格局"重大战略部署,加快推进广播电视媒体与新兴媒体深度融合一体发展。2020年,国家广播电视总局共批准成立五家广播电视媒体融合发展创新中心,分别为:中国(京津冀)广播电视媒体融合发展创新中心、中国(湖北)广播电视媒体融合发展创新中心、中国(陕西)

广播电视媒体融合发展创新中心、中国(江苏)广播电视媒体融合发展创新中心、中国(湖南)广播电视媒体融合发展创新中心。这些中心目前已经展开理论研究、模式探索、技术应用、项目孵化及实训等工作,积极推进媒体深度融合。

同年,科技部批准建设媒体融合与传播等4个国家重点实验室。国家重点实验室是国家组织开展基础研究和应用基础研究、聚集和培养优秀科技人才、开展高水平学术交流、具备先进科研装备的重要科技创新基地,是国家创新体系的重要组成部分①。具体信息见表2.1。

表2.1 科技部批准建设的国家重点实验室名单

实验室名称	依托单位	主管部门
媒体融合与传播国家重点实验室	中国传媒大学	教育部
传播内容认知国家重点实验室	人民日报社人民网	人民日报社
媒体融合生产技术与系统国家重点实验室	新华通讯社新媒体中心	新华通讯社
超高清视音频制播呈现国家重点实验室	中央广播电视总台	中央广播电视总台

在上述一系列国家制定的方针政策推动、指导下,全国各地纷纷响应,制定相应的措施和方案,全力推进媒体融合向纵深发展。目前,我国的媒体融合已经跨过起步期,进入发展的快车道,媒体融合也不再是简单的相加,而是由形式融合、内容融合跃升至以机制融合为主要特征的深度融合阶段。这一切不仅对媒体格局进行了重塑,也推动了舆论生态环境的优化。

(二)从"相加"到"相融",媒体融合不断进阶

追溯媒体融合的发展历史,我们可以看到从简单"相加"到逐步"相融"的进阶过程。

---

① 科技部关于批准建设媒体融合与传播等4个国家重点实验的通知:国科发基〔2019〕372号[EB/OL].(2019-11-06)[2021-08-22]. http://www.most.gov.cn/xxgk/xinxifenlei/fdzdgknr/qtwj/qtwj2019/201911/t20191112_149919.html.

最初的媒体融合,基本停留在形式相加上,传统媒体将内容平移到"两微一端"(指微博、微信及新闻客户端)进行传播,实际上只是将流量进行了转化,平台的搭建、渠道的扩展还没有完全展开。虽然有个别引领者已经开始搭建平台,从人力、财力、物力等各方面进行了深度融合的尝试,但绝大多数的媒体还没有开始真正的融合。

随着国家推进媒体深度融合力度的加大,以及技术壁垒的不断突破,媒体融合由相加逐步迈向相融的阶段。其间,融媒体产品不断创新,融合平台建设取得巨大成效,县级融媒体中心建设全面铺开。

1. 融媒体产品不断创新

媒体的融合包括很多方面,如组织的融合、资本的融合、传播手段的融合等。在传统媒体和新媒体全方位的融合过程中,最基本的一项工作就是要研发和制作适应互联网传播的产品,这是融合传播需要完成的一项重要任务。近几年来,随着 VR(虚拟现实)、H5(超文本标记语言第五代)、网络直播等技术的日益成熟,融媒体产品一直在不断创新,如新华社在两会期间利用虚拟技术推出的《VR 视角》栏目,增强了浸入式体验感和参与感,让人们仿若身临其境;人民日报利用 H5 技术推出的《快看呐!这是我的军装照》,充分利用新媒体的互动性,通过人脸识别技术生成个体军装照,使其成为一款现象级的融媒体产品。当然,各种创新融媒体产品还有很多,这里无法一一赘述。无论从现实的需求还是技术的发展来看,产品创新的脚步都不会停止,技术进步之快更是给媒体内容生产者带来了广阔的创造空间,更多更好的融媒体产品值得期待。

2. 融媒体平台建设取得成效

融媒体平台建设是推进媒体融合的重要措施,其意义在于用平台化的思维重新构建媒体生态。2014 年至今,多家媒体开始搭建多渠道的全媒体平台,尤其注重整合与原创的平台媒体,将传统媒体和新兴媒体资源进行优势互补,提供促进传统媒体转型的驱动力。最典型的融媒体平台是以人民日报社为首,中央电视台、新华社等多家传统媒体都相继建立的"中央厨房"式的全媒体平台。"中央厨房"式平台主要对新闻生产模式进行了改革，实现了新闻信息一次采集、多种生成、多元传播的一体化运作。各地方也以"中央厨房"作为龙头工程，纷纷打造媒体云平台，如北京云、津云、冀云、荔枝云等。有的省份更是将媒体云升级为"新闻＋政务＋服务"的综合云。综合云平台更注重媒体资源的汇聚、检索和分享，是在功能上实现将新闻、政务和服务相结合的一种融媒体平台，如 2016 年湖北广电就将长江云平台升级打造成具有上述功能的一个区域性媒体融合的创新典范。而在 2019 年初，国家出台的《县级融媒体中心建设规范》和《县级融媒体中心省级技术平台要求》中明确对省级平台提出相关要求后，综合云平台的打造也成为平台建设的方向。目前，全国省级以上主流媒体基本完成了融媒体平台的建设。省级融媒体平台更为县级融媒体中心建设提供了基础平台和接口。

3. 县级融媒体中心建设全面铺开

县级融媒体中心建设是媒体融合发展战略中的重要一环，是加强和改进基层宣传思想工作、推动县级媒体转型升级的一项战略工程。它不仅是新时代治国理政的重大举措，也是加速乡村振兴战略进程、加快农村脱贫步伐、加强农村精神文明建设的重要抓手，是引导群众、服务群众的重要途径。自 2018 年习近平总书记提出抓好县级融媒体中心建设后，中宣部对在全国范围内推进县级融媒体中心建设作出了部署和安排，2018 年先行启动 600 个县级融媒体中心建设，浙江、河南、河北、湖南、北京、重庆、内蒙古等全国多个省份先后展开了县级融媒体中心的建设工作，拉开了我国县级融媒体中心建设的序幕。2019 年，我国县级融媒体中心建设实现政策、理论与实践的重大跨越发展，内容跨界融合，主体协同共治，多维联动、全景触发、统筹推进、跨界合作的全媒体传播体系基本形成[①]。截至 2020 年底，县级融媒体中心基本实现全国覆盖。

纵观我国媒体融合的发展过程，可以清晰地看到其由单体融合向区域融合、整体融合的变化。当前，全媒体传播体系建设已经驶入快车道，

---

① 刘鹏飞，周文慧. 我国县级融媒体中心建设进展、问题及建议[EB/OL].（2020-03-25）[2021-08-24]. http://yuqing.people.com.cn/n1/2020/0325/c209043-31647740.html.

中央级媒体在融合核心技术上发力攻坚,省级平台纷纷下沉,县级融媒体中心建设多点开花,媒体融合平台阵地建设取得了体系化、多级式、重连接的重要进展①。从最初的形式融合、内容融合跃升为体制机制的融合,我国的媒体融合已经迈入一个全面深入的崭新发展阶段。

三、媒体发展的新样态——融媒体

作为媒体融合理念推行的产物,融媒体成为媒体发展的新样态。上述内容中我们已经提及融媒体产品、融媒体平台、县级融媒体中心等,那么究竟何谓融媒体?融媒体的传播特征又是怎样的?

(一) 何谓融媒体

"融媒体"的概念最早被提出是在2009年,庄勇在《从"融媒体"中寻求生机的思考与探索》一文中明确指出,"融媒体是充分利用互联网这个载体,把广播、电视、报纸这些既有共同点,又存在互补性的不同媒体在人力、内容、宣传等方面进行全面整合,实现'资源通融、内容兼容、宣传互融、利益共融'的新型媒体"②。不难看出,这一概念强调的融媒体是一种新型媒介形态,但还只停留在"充分利用互联网载体"的阶段。此后,研究领域关于"融媒体"本身概念的界定并不多,而且与前述概念也都大同小异。2014年,习近平总书记指出要"遵循新兴媒体发展规律""强化互联网思维",使得媒体融合从理念上发生进一步改变。而随着新兴媒体的不断演进,以及理论研究和实践的不断发展,研究者对"融媒体"的概念也有了新的定义。2019年,张成良在《融媒体传播论》一书中将"融媒体"定义

---

① 《媒体融合蓝皮书:中国媒体融合发展报告(2020)》发布[EB/OL].(2020-09-10)[2021-08-24]. https://baijiahao.baidu.com/s? id=16774582538099990918&wfr=spider&for=pc.

② 庄勇.从"融媒体"中寻求生机的思考与探索[J].当代电视,2009(04):18-19.

为:"利用网络大数据技术赋能,通过广泛融合不同媒介形态而整合成的新型媒介总称。它利用赋能技术使万物皆媒,其中大数据技术是连接众媒介的核心纽带。它是通过泛化既往形态,形成的以场景为核心、以媒介形态为场景入口的新型媒介形态。"[1]这一定义更加强调"互联网思维"和新技术在媒介融合中的重要性,拓展了融媒体的范围,并引入了系统研究的视角,在理论上是一种新的突破。

(二) 融媒体传播特征

媒体形态并非一成不变,而是处于不断发展演进的进程中,呈现出一定的历史迭代性。融媒体正是媒体历史发展到一定时期的必然产物,其将传统媒体与新媒体叠加相融,呈现出一种不同以往的非线性融合样态。而这一融合样态不仅具有媒体形态演进的一般特征,还具备自身的独特传播特性和传播规律。

1. 多元化传播

融媒体传播在信息来源、传播渠道和传播类型上都呈现出多元化的特征。从信息来源看,信息产品来自两个目标源,即传统媒体信息和民间信息源,这两个信息源之间形成的交互关系为媒体融合提供了内容资源。在渠道开拓上,融媒体不仅仅局限于先前的单介质,除了将同一信息客体以不同符号形式(文字、图片、音频或视频)编码后进行"跨介质"(广播、电视、印刷媒介、网络平台等)传播外,还继续进行"跨平台"(有线平台、无线平台、卫星平台等)传播[2]。而在融媒体传播类型上,通常包含多种传播元素,不仅有文字、图片、音频、视频等,还包括 H5、VR 等类型的传播。

2. 场景式传播

融媒体的场景式传播指在不同的终端可以形成不同的场景入口,从

---

[1] 张成良.融媒体传播论[M].北京:科学出版社,2019.
[2] 栾轶玫.融媒体传播[M].北京:中国金融出版社,2014.

而提高传播效率。场景出现后,因为传播改变了以往单一媒体内容定位传播的模式,使不同媒体介质之间可以随时随地进行切换、交互。最重要的是,融媒体的场景不仅是媒体传播场景,也是用户信息生产传播的重要平台。用户在信息生产和传播场景之间建立起稳定的关系,一方面改变场景的时空,另一方面将虚拟场景的入口不断进行链接传播,形成场景不断溢出的物理环境,跨越时空约束的传播形态,由此构成了互联互通的网状扩张[1]。

3. 技术赋能升级传播形态

在媒体形态的演变过程中,技术可以看作促进媒体融合的根本动力。每一种媒体形态都以技术升级的方式呈现出相应的变化和特征。赋能技术是新兴媒介所独有的使其得以生存的要素[2]。在长期积累而形成的强大技术平台上,新技术具有强大的吸附能力,将传统媒体与新兴媒体吸附到一起,并且有所延伸和扩展,从而催生出更丰富多样的融媒体形态。

4. 趋于人性化的传播

被誉为"数字时代的麦克卢汉"的美国媒介理论家保罗·莱文森(Paul Levinson)的媒介进化理论中一个重要内容就是人性化趋势理论。人性化趋势理论是保罗·莱文森于1979年在其博士论文《人类历程回放》中用来描述媒介技术在进化过程中表现出来的一种越来越符合人类需求和便于人类使用它进行信息交流的倾向。该理论从人性视角出发,推演出媒介进化规律及趋势,同时也揭示出媒介进化的终极目标即服务和满足人类的需求。目前,融媒体的发展在某种程度上也印证了这一观点。多种多样的传播形式让人的感官体验得到了极大的改善,VR 技术带来的沉浸式体验就是最典型的例子。可以看出,融媒体传播不断向人类感官的生理和谐发展,在更大程度上满足于人类交流的需要。

---

[1] 张成良. 融媒体传播论[M]. 北京:科学出版社,2019.
[2] 菲德勒. 媒介形态变化:认识新媒介[M]. 明安香,译. 北京:华夏出版社,2000.

第三章

中央级主流媒体融合发展现状及科技传播实践

一、中央级主流媒体是我国媒体融合之路的排头兵

二、融合发展使中央级主流媒体在科技传播中发挥了更大作用

三、媒体融合背景下科普热点焦点事件传播案例

自 2014 年党中央根据媒体格局与舆论生态的变化审时度势,作出推动媒体融合发展的重大战略部署后,人民日报社、新华社、光明日报社、经济日报社、中国日报社、中央人民广播电台、中央电视台、中国国际广播电台等中央主要新闻单位均成立领导小组,进行统筹规划,制定相应的融合发展实施方案,全力推进媒体的融合发展。可以说,中央级的主流媒体是我国媒体融合之路的排头兵。

一、 中央级主流媒体是我国媒体融合之路的排头兵

以人民日报为首的传统报业首先开始实施战略化转型,各路纸媒纷纷打造自己新的传播矩阵。人民日报社确定了融合发展的三大项目,即人民日报社全媒体新闻平台、人民日报数据中心和人民日报客户端。人民日报社不断推进采编机制、流程的改革创新,依托"两微一端"平台,把新闻生产从传统的记者、编辑、评论员为媒体供稿的方式,转变为符合移动互联网传播规律的生产方式。2016 年,人民日报社全媒体平台即"中央厨房"正式上线。将"记者前线+编辑后方"的传统模式转化为"数据支持+记者前线+可视化融入+产品推广+产品经理统筹"的多线性协作模式,让新闻成为产品,将编辑、记者等个体整合为新闻产品团队,起到了很好的示范作用。新华社也积极调整组织结构,推动传统编辑部改革试

点创新，扩容升级全媒体报道平台，探索构建适应融合发展的新采编体系，初步形成了资源整合、融合加工、舆情监测、业务管理、影响力评估和远程指挥六大功能。光明日报社在2015年成立了融媒体中心，并在此基础上成立了光明日报全媒体总编室，启动全媒体指挥平台。经济日报社构建了以经济日报新闻客户端为主体、社交媒体为两翼、第三方平台为补充的移动传播新媒体格局。中国日报社通过建立全媒体指挥体系，推进全媒体一体化采编平台建设和新媒体实验室大数据支持服务。

在广播电视体系方面，以中央电视台为首的各级广播电视媒体也紧随媒体融合的大趋势，转变传统媒体的固有思维模式，积极探索适合自身的融合发展之路，通过建立门户网站、开通"两微一端"等方式，开启媒体融合之旅。2017年，多个广电媒体"中央厨房"上线。广电系统的"中央厨房"建设重点在于将电视和网络端口资源打通，将以往在电视端采集的任务延伸为多平台的采集和制作。其中，中央电视台建立了"融媒体编辑部"和"央视新闻通稿共享平台"，通过微视频、V观、网络直播等不同方式开展全方位、全媒体、全球化报道，在报道中实现电视与新媒体多屏互动，探索全新的台网"一体化策划、一体化运行、一体化呈现"的节目融合模式，加速媒体融合的进程。2018年，广电媒体继续深化体制机制改革，打通组织的整体生产脉络，推进一体化平台建设，全面加快转型的步伐。最重要的变化之一就是根据《深化党和国家机构改革方案》，将中央电视台（中国国际电视台）、中央人民广播电台和中国国际广播电台三台合一，组建为中央广播电视总台，对外统一呼号为"中国之声"（Voice of China）。其在组织融合上有力地推进了媒体融合，并带动了全国各地媒体进行更深层次的组织融合。2019年，"5G＋4K＋AI"成为中央广播电视总台的一个关键词，探索"5G＋4K＋AI"等技术的实践与应用，凸显出其"智慧型媒体"的特征。同时，中央广播电视总台软技术应用与硬技术探索并驾齐驱，在聚焦国内外重大事件、热点议题的同时，也不断创新报道方式与节目形式，运用短视频、Vlog等新型视频形式实现多平台融合传播[①]。"央视频"就是一个颇受欢迎的基于"5G＋4K/8K＋AI"等新技术推出的

---

① 林沛. 2019年中央广播电视总台发展报告[J]. 中国广播影视，2019(23)：24-27.

综合性视听新媒体旗舰平台。同年6月,央视频融媒体发展有限公司正式成立。除此之外,中央广播电视总台还与全国100家县级融媒体中心联合打造了融媒体智慧平台。这些举措都极大地推动了全国广电媒体融合的脚步。中央广播电视总台聚集了原有三台的品牌优势、人才优势、平台优势和市场优势,再加上新媒体的兼容性和用户规模优势,已经打造出了一个全新的"台网融合"的现代传播体系。

总体来说,目前我国传统媒体在网站、自建客户端等自有平台的占有率和在微博、微信、抖音、聚合新闻客户端、聚合音/视频客户端等第三方平台的入驻率都较高。根据人民网研究院发布的2020年媒体融合传播指数总报告显示,2020年媒体融合传播矩阵覆盖的用户总数比2019年整体增长123%,触达人群更加广泛。除网站、微信外,平均每份报纸融合传播覆盖用户数总和为1619.7万,平均每个广播频率融合传播覆盖用户数总和为327.2万,平均每家电视台融合传播覆盖用户数总和为2.48亿。中央级媒体融合传播力保持历年优势,继续领跑全国。报纸、广播、电视融合传播力指数的第一名分别是人民日报、中央人民广播电台中国之声和中央广播电视总台中央电视台[①]。下表为截至2021年11月4日,通过平台公开数据对七大中央级主流媒体(人民日报、新华社、光明日报、经济日报、中国日报、央视新闻、中国之声)的微博、抖音传播情况的数据统计结果。具体信息见表3.1。

表3.1 七大中央级主流媒体的微博、抖音传播情况

媒体名称	传播渠道							
	微博						抖音	
	粉丝量(亿个)	累计转发量(亿次)	累计评论量(亿条)	累计点赞量(亿次)	微博互动数(亿次)	视频累计播放量(亿次)	粉丝量(亿个)	点赞总量(亿次)
人民日报	1.40	8.63	2.09	18.85	29.57	266.20	1.40	76.5
央视新闻	1.22	8.07	1.79	16.24	26.10	465.01	1.30	55.1

---

① 人民网研究院.2020年媒体融合传播指数总报告[EB/OL].(2021-04-27)[2021-09-10].https://baijiahao.baidu.com/s?id=1698182698803286466&wfr=spider&for=pc.

续表

媒体名称	传播渠道							
	微博						抖音	
	粉丝量（亿个）	累计转发量（亿次）	累计评论量（亿条）	累计点赞量（亿次）	微博互动数（亿次）	视频累计播放量（亿次）	粉丝量（亿个）	点赞总量（亿次）
新华社	1.07	0.66	0.16	1.12	1.94	32.02	0.44	8.5
中国日报	0.64	0.16	0.13	1.09	1.39	8.42	0.35	13.7
中国之声	0.28	0.12	0.14	0.32	0.58	4.79	0.05	0.72
光明日报	0.25	0.07	0.02	0.14	0.23	2.72	0.27	8.7
经济日报	0.06	0.03	0.01	0.08	0.12	0.93	0.13	4.2

下面以人民日报、央视新闻和中国之声为例，展示中央级传统主流媒体利用多种平台融合传播的情况。

（一）人民日报——从传统纸媒到融媒体传播的党媒

人民日报是中国共产党中央委员会机关报，1992年被联合国教科文组织评为世界十大报纸之一。在几十年的发展历程中，人民日报始终站在报业大军的前端，不断根据国家需要调整和完善。当媒体生态开始发生变化时，人民日报在第一时间吹响了改革的号角，经过近几年的改革，由最初的传统纸媒单一传播模式发展到拥有人民网、微信、微博、客户端以及人民日报全媒体平台等多种平台多维传播模式。可以说，人民日报是纸媒进行媒体融合变革为融媒体传播的典型代表。

人民网：1997年1月1日，人民日报社推出了人民日报网络版，成为党报中第一家推出网络版的传统纸媒。人民日报网络版于2000年8月正式更名为人民网，这标志着报网融合阶段的来临。人民网不再是人民日报上有限内容的简单翻版，而是一个综合型门户网站，是以新闻为主的大型网上信息交互平台。人民网整合内外资源，提升网络经营理念，明确自身新闻优势。它开拓了与网友互动的先例，充当了报纸和读者的互动桥梁,与人民日报相互取长补短,完成深入融合。目前,人民网已经成为国际互联网上最大的综合性网络媒体之一。

人民日报官方微博:人民日报的微博粉丝量截至2021年10月超过1.4亿人。该微博每日发博,微博、视频的阅读量、播放量保持在数百万次,发布微访谈、微直播、微话题,符合社交媒体的传播特点,互动性极强。

人民日报微信公众号:人民日报的微信公众号包含两个专栏,即夜读和云游敦煌。微信公众号每天推送6~8次,每次推送文章1~4篇,平均每天推送12篇文章。"提醒"类信息通常提供一些生活服务类信息;"健康"类信息是一些有关健康的小指南,贴近受众阅读心理,有助于提升公众号文章的转发率,充分发挥了社交媒体的优势。

人民日报客户端:人民日报的手机客户端在2014年6月12日正式上线,设置了"闻·热点""评·锐度""问·问政"等多个版块,打造了多媒体新闻播报、移动公益和移动政务三位一体的新闻客户端平台。客户端还开辟了"人民号"和"直播"两大模块,"人民号"体现了人民日报客户端在UGC(User Generated Content,用户生成内容)方面做出的努力,各家传统媒体和新媒体号都可以在严格审核后发布文章,受众也可以反过来成为内容生产者。"直播"模块发展成熟,选题多样,让受众在获取信息时摆脱时间和空间的限制,也方便了移动互联网时代用户的移动阅读需求,直播的频率和热度都维持在较高水平。

人民日报全媒体平台:2016年2月19日,俗称"中央厨房"的人民日报全媒体平台正式上线,这是人民日报社全媒体融合发展的核心平台。"中央厨房"重建了传统媒体新闻生产的采、编、发流程,传统意义上的记者和编辑系统被分工为"指挥员""采集员""加工员""技术员""推销员""信息员"六大角色,共同合作完成一篇报道,重大报道"一体策划、一次采集、多种生成、多元传播、全天滚动、全球覆盖",实现了新媒体与传统媒体、网上与网下、母媒与子媒、国内媒体与国外媒体的四个"联动"。它不仅是一个统一发稿的平台,而且是一个融合内容生产、传播和运营的新系统,为整个媒体行业搭建了一个服务优于内容生产的公共平台。

人民日报也在抖音平台开设了账号,截至2021年10月23日,共发布3272个作品,粉丝量1.4亿个,点赞量76.5亿次。

（二）央视新闻——从传统电视到融合传播的电视媒体

中央广播电视总台新闻节目中心承担着中央电视台第一套节目的新闻资讯提供及新闻频道采、编、播整体运营和管理。央视新闻频道作为党媒中以传播新闻信息为主的电视频道，体现了中央广播电视总台的政治属性、权威性和影响力。新的媒体生态环境下，央视新闻节目中心也积极通过新旧媒体的融合进一步扩大其影响力、提升传播效果。截至目前，除通过传统央视新闻频道进行传播外，央视新闻节目中心还在整合现有媒体资源基础上，充分发挥央视新闻的官方微博、微信公众号、客户端优势，并结合短视频平台进行传播，以促进媒体的一体化发展，进而提升央视新闻的整体传播能力。

央视新闻官方微博：截至 2021 年 10 月，中央广播电视总台新闻中心的官方微博粉丝量超过了 1.22 亿，每小时更新 2~3 条微博，包含国内要闻、国际最新消息，社会、财经、文化等方面的最新资讯，以及带有服务性的"今日提示"和"今日话题"等内容。央视新闻发布的微博主要有图文、图文＋原文链接、图片式文章＋原文链接、视频类几种形式。在"图文＋原文链接"的微博中，除了有微博统一设置的转发、评论、点赞功能，还于文章结尾处设有"推荐阅读"，以供受众选择。就内容来讲，既有国内要闻，又有国际快讯；既有重大事件，又有社会民生新闻；既有科技最新成果，又有生物最新发现；既有新规提醒，又有使用妙招。借助微博这一新媒体，央视新闻在自身平台优势的基础上，进一步拓宽了传播渠道。多样化的传播形式增强了信息传播效果，例如，2018 年正逢中国改革开放 40 周年，央视新闻微博开设"40 年从新说"话题活动，网友可通过评论留言或带话题"40 年从新说"发表图片、视频进行互动。央视新闻在主动发布新闻的同时也了解了受众的意愿，这在一定程度上，缩短了受众同主流媒体间的距离。如央视新闻移动网与快手短视频联合制作的《闻声识别改革》，利用 AI 等技术，让网友们从感官上重温改革开放 40 年来国家的发展和变化。

央视新闻微信公众号：中央广播电视总台新闻新媒体中心的微信公

众号于2013年4月1日正式上线,从6点至22点半,央视新闻通常分6个时间段来发布微信内容,多为6点、8点、13点、17点、21点、22点半左右。央视新闻微信公众号在每条新闻的末尾处都设有留言区,文末"更多新闻"的设置为读者提供了可供选择的阅读内容。公众号采用"新闻+服务"模式实现与用户的互动交流,如"早啊!新闻来了"设有"今日话题"收集用户留言。另外,除了在"夜读"文章的文末设有留言区外,"猜你喜欢"的设置也针对性地提高了央视新闻的点击量。就央视新闻发布的内容而言,既有央视原创的新闻,也有来源于其他媒体的新闻,图、文、音视频相结合的形式,以及多样化的新闻内容,既符合央视新闻的自身定位,也更好地实现了它的社会价值。

央视新闻客户端:央视新闻客户端为中央广播电视总台新闻新媒体中心的官方客户端。客户端的主要功能包括:全面独家新闻视频,重大新闻权威发布,突发事件及时播报;新闻频道全天直播,一周节目回看;王牌新闻栏目,央视权威评论,关注民生话题,追踪热点新闻等。2021年10月,央视新闻客户端进行升级改版,创新应用"新闻云"技术,集结中央广播电视总台优质核心资源,打造了全新的新闻新媒体旗舰平台。改版后的客户端拥有全新的界面,搭配更高效的"内容+技术"融合驱动,并且新增"央视号"入驻机制,新建了独立用户中心。如今的央视新闻客户端不仅实现了发布时效上更大的提升,实现了"融屏共振",一键连接电视,实现大屏小屏互动传播,而且更充分地利用资源,通过"央视号"矩阵打造全媒体传播平台,提供给用户更多的服务。

央视新闻短视频平台:近几年,央视新闻在短视频平台发力,在今日头条和抖音等都开设了账户。央视新闻头条号的最大特色是借助今日头条的算法推荐,实现短视频的个性化推动,继而实现与受众的互动。央视新闻也可以根据今日头条基于算法应用提供的"热词"进行深入报道与解读,及时解答网友所关切的问题,在增强报道灵活性的基础上,实现了与受众的互动并接受反馈。涉及国际或国内新闻事件的报道,央视新闻借助与今日头条的合作进行移动直播,实现了新媒体技术与内容生产的结合,为媒体融合注入了新活力。央视新闻抖音账号的功能,主要是对央视已有的素材资源进行开发,对视频资源进行再次剪辑、包装,通过其抖音账号进行推广。与此同时,央视新闻通过话题征集等方式促进抖音粉丝量的增加。

(三)中国之声——从传统电台到融合传播的广播媒体

中国之声是原中央人民广播电台第一套新闻综合频率,是全天播报新闻的中央级新闻广播,每天以"轮盘式"滚动播出新闻,是唯一覆盖全国的新闻综合频率。中国之声从 2010 年起开始搭建"新闻信息网",由早午晚高峰新闻、新闻轮盘、夜间特色节目等几大内容版块组成,形成了全天候不间断 24 小时播报新闻的广播电台。2018 年,三台合一后,成为中央广播电视总台旗下的第一套广播新闻综合频率。2019 年中国之声进行了全面升级,积极推进媒体融合传播,截至目前已经利用互联网、微博、微信、网络电台等进行多平台融合传播,拓宽了节目传播渠道,扩大了节目传播的范围和影响力。

中国之声网络平台:中国之声依托央广网平台直播,可以回听节目,下载往期节目,听众还能主动评价节目。所有的节目标题都附有链接,听众能够查看详细的文字内容,在央广网中国之声首页,所有的节目都被系统整合、规范区分,用户点击进入后便一目了然。

中国之声官方微博:2010 年 2 月 25 日中国之声在微博第一次发声,截至 2021 年 10 月,微博发送量 13 万余条,粉丝量约 2844.1 万个。中国之声的微博推送主要以时事新闻为主,形式上侧重短视频和图片,图文并茂,以强化广播声音之外的阅读体验。

中国之声微信公众号:每日平均推送 5 次,内容数量约 15 条,涵盖时事政治、社会新闻、专题报道等。突发性重要新闻以《重磅》《现在插播》随时推送,充分保障新闻的时效性。专题节目独立推送,中国之声根据时下社会热点,制作专题,比如 2018 年的《领航新时代》《习总书记的民生足迹》,深入挖掘新闻背后的意义。在主页面右下角,中国之声开辟专栏《那些年,我们一起读过的课文》,由央广播音员朗读经典语文课文,为中小学生提供诵读范本,这是中国之声公益理念的具体实践和对外窗口。

网络电台合作:中国之声与网络电台蜻蜓 FM 展开合作。传统广播在网络电台的呈现下拓宽了节目传播渠道,打破单一依赖电波频率的固化传播模式,听众不必守在收音机前被动地等待节目,而是可以根据自身的时间安排,灵活自主地选择直播或回听,这种方式赋予听众足够的选择权,并弥补了广播单向线性传播的短板。

除此之外,中国之声也入驻了央视新闻客户端,拓宽了传播渠道。

二、融合发展使中央级主流媒体在科技传播中发挥了更大作用

主流媒体是党和国家的喉舌,对于关系国计民生的话题都非常重视,科技报道自然也成了重点报道的内容,尤其对于热点焦点科技事件、突发应急科普事件等的报道。随着媒体融合的深入发展,传统媒体更多地利用新媒体手段进行传播,如网站、"两微一端"、抖音等,融合传播也取得了更好的效果。

(一)版面、频道设置齐全,人民日报等主流报纸科技传播全面开花

人民日报纸质版设有专门的科技版面,科技报道基本涵盖了当下的科技大势,报道最新的科技动态,为我国的经济建设提供信息服务。其版面设置相对固定,对于一些重大的科技事件会组织相关的专题进行深度解读,同时利用网站、"两微一端"、抖音等平台进行融合传播。其中,人民网设有经济·科技和科普两个子频道,经济·科技频道主要包括滚动新闻、文旅·体育、健康·生活、人民财经观察、财米油盐、数读中国、人民会客厅、对话企业家、人民投诉等版块。科普频道由中国科学技术协会(以下简称"中国科协")和人民网共同主办,主要包括百科、母婴、辟谣、热点、急救、养生、视频和科学为你解疑释惑等版块内容。人民网科技频道与科普频道首页如图3.1和图3.2所示。

图 3.1　人民网经济·科技频道

图 3.2　人民网科普频道

新华社的综合新闻信息服务门户网站——新华网设有科技频道和专门的新华科普频道,科技频道主要介绍与科技相关的内容,而科普频道包括科普首页、科普中国(与中国科协合作)、科学知视、图文和活动五个版块,以图文、视频等多种形式进行科学普及。新华网科技频道与新华科普频道首页见图 3.3 和图 3.4。

图 3.3　新华网科技频道

图 3.4　新华科普频道

光明网也设有科技频道,包括科技首页、综合新闻、评论+、科技人物、公司焦点、创新创业、互联网、人工智能、专题·直播、滚动新闻等版块,全方位报道科技相关内容。光明网科技频道首页见图3.5。

图3.5 光明网科技频道

上述几家媒体网站上的科技传播内容较直观,所以进行了重点介绍。除了网站,"两微一端"也已成为融合传播的必要手段。这里不再一一详述。除此之外,其他的中央级主流媒体也都有各自相应的科技传播方式。

(二)依托央视融媒体平台,电视科教栏目拓展传播渠道

关于电视媒体的科技传播,最具代表性的当属科教类电视栏目。在全国的科教栏目中,无论从节目的质量还是数量来看,央视科教栏目都一马当先。而央视科教栏目主要集中于中央电视台科教频道(CCTV-10,以下简称央视科教频道)。作为唯一的国家级科教频道,央视科教频道在整个科教频道的发展中起到了引领和标杆的作用,创办了很多大众耳熟能详的节目,如介绍身边科学的《我爱发明》《走近科学》《原来如此》,介绍健康养生知识的《健康之路》,介绍前沿专业科学知识的《科技之光》,介绍科学实验的《加油!向未来》,以及以引进节目为主的科普栏目《自然传奇》等。近年来,频道栏目不断更迭发展、推陈出新,上述栏目中有的已经停播,有的改版或变更栏目名称。目前,央视科教频道拥有18个常设栏目,其中科普栏目共计10个,占比超过了55%。这些栏目分别为:《时尚科技秀》《健康之路》《自然传奇》《地理中国》《科学动物园》《解码科技史》《创新进行时》《实验现场》《科幻地带》《透视新科技》,除《自然传奇》之外其他节目均为原创栏目。

随着媒体形态不断演进、媒体融合不断深入,央视科教栏目也依托央

视打造的新媒体平台扩展其传播渠道。目前所有的栏目都可以通过央视网、央视频、央视影音等平台观看。下面,以《健康之路》《时尚科技秀》这一老一新两个栏目为例,介绍它们的融合传播情况。

1.《健康之路》栏目

《健康之路》于1996年首播,至今已经有二十多年的历史,可以说是一个"长寿"的栏目。作为医学类科普栏目,《健康之路》定位清晰明确,是一档以关注大众身心、保健意识、倡导健康生活为主旨的谈话类服务节目。有权威的专家讲解和科学的现场演示,为大众提供了贴心服务。《健康之路》除在央视科教频道播放外,还在央视网、央视频、央视影音、微博、微信等多平台进行传播。在央视网、央视频、央视影音不仅可以观看直播,而且栏目内所有资源可随时回放。央视频上的在播栏目设有央视频号,《健康之路》的央视频号为央视健康之路,截至2021年12月14日,共有9915个视频,5.1万个粉丝,具有预约直播等功能。《健康之路》的官方微博为CCTV10_健康之路,粉丝63.5万个,共发布6977条微博,微博互动13.3万次。每条微博的内容基本为"视频/图片+提炼的文字观点"。《健康之路》的微信号有两个,一个是公众号,一个是视频号,名称均为CCTV健康之路。公众号发布的主要内容包括文章和在原有节目基础上剪辑的短视频。一般文章的阅读量在几万到十几万次之间,短视频的观看量从几千次到几万次不等,从传播量来看还是比较可观的。而且公众号的服务版块的"看我们"可以直接链接微博和央视频,为使用其他平台观看节目提供了方便。视频号主要发布时长为几十秒到几分钟的短视频,便于受众观看。

《健康之路》栏目经历了很长的发展过程,栏目的传播融合了目前主流的传播方式,增强了传播力度和传播效果。

2.《时尚科技秀》栏目

与《健康之路》不同,《时尚科技秀》是一档2019年10月才开播的年轻栏目。选择这个栏目为例,最重要的原因在于它是央视科教频道首档融媒体科技栏目。《时尚科技秀》创新节目形态,通过每集10分钟,让观众了解三个科技点,以短、频、快的方式进行内容传播,十分契合新媒体的传播特点及当下受众的观看习惯。节目通过大数据收集和筛选选题,挖掘受众喜闻乐见的科技点,更加贴近观众需求。与《健康之路》相同的是,该栏目除了在央视科教频道播放外,也在央视网、央视频、央视影音等平台进行播放。截至 2021 年 12 月 14 日,央视频号时尚科技秀共发布 496 个视频,有 6017 个粉丝。《时尚科技秀》虽然也有官方微博号 CCTV 时尚科技秀,但尚未发布过任何内容。因为栏目创办时间尚短,所以栏目影响力还有待提升,可以进一步利用其融媒体传播的优势,取得更好地传播效果。

三、媒体融合背景下科普热点焦点事件传播案例

中央级主流媒体在科普热点焦点事件的传播中起到了十分重要的作用。本节选取了近几年发生的六个备受关注的重大事件,其中包括四个科技事件和两个突发科普事件,通过在阶段性时间内对中央级主流媒体事件报道情况的梳理及传播数据的抓取和统计,分析中央级主流媒体对科普热点焦点事件的融合传播情况。这六个事件分别为:"天舟一号"货运飞船发射、四川九寨沟地震、"嫦娥四号"月球探测器发射、首张黑洞照片发布、"天问一号"火星探测器发射及新型冠状病毒肺炎疫情。

(一) 科普热点焦点事件传播案例分析

1. "天舟一号"货运飞船发射

"天舟一号"货运飞船是由中国空间技术研究院(中国航天科技集团五院)研制的一款货运飞船,也是中国首个货运飞船。"天舟一号"于 2017 年 4 月 20 日 19 时 41 分 35 秒在文昌航天发射中心由长征七号遥二

运载火箭成功发射升空。"天舟一号"具有与"天宫二号"空间实验室交会对接、实施推进剂在轨补加、开展空间科学实验和技术试验等功能。"天舟一号"的成功对中国航天具有十分深远的意义,它宣告中国航天迈进了"空间站时代"。

(1) 央视"传统+新"媒体融合,首次 VR 全景直播

针对"天舟一号"发射升空的系列报道,中央电视台采取传统媒体+新媒体的融合传播方式进行。

在传统媒体上,2017 年 4 月 20 日 19:30～20:29 CCTV-4 现场直播特别节目《探梦天空》,在 CCTV-13 央视新闻频道播出《"天舟一号"发射特别报告》,新闻观察节目《关键技术成法宝 助力"太空加油"》解析"天舟一号"将执行的推进剂补加等任务,外语频道节目《中国载人航天三步走》《天舟太空实验》等呈现"天舟一号"的任务和中国航天 60 年来取得的成就。CCTV-4"天舟一号"发射特别报道首播的直播关注度[①]为 1.38%,市场占有率[②]为 6.73%,累计覆盖近 1400 万人。

在新媒体方面,央视新闻打造 24 小时移动直播,并首次采用 VR 全景直播的方式进行,可以在央视影音和腾讯视频进行观看。除此之外,还通过官方微博、央视网、短视频等方式进行传播。各平台总阅读量超过 1.26 亿次,微博话题♯天舟一号飞船♯阅读量超过 1.1 亿次。

(2) 微博成为"天舟一号"发射的主要传播渠道

除央视外,人民网、腾讯新闻、新浪网等均针对"天舟一号"进行系列报道,并通过微博、视频平台等渠道进行融合传播。

自 2017 年 4 月 20 日至 2019 年 10 月 8 日,各类媒体报道总数量为 119 次,其中微博占比为 63.87%,在媒体中占比最高,其次为微信(26.05%)。具体信息如图 3.6 所示。

---

① 直播关注度指某频道/节目在某一时段真实收看的用户数占累计直播用户数的百分比。

② 市场占有率指某频道/节目在某一时段的收看用户数占总体直播收看用户数的百分比。

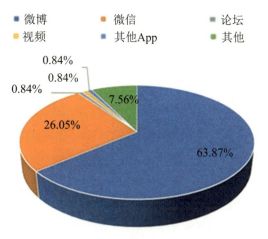

图3.6 不同传播渠道的报道数量占比

微博是主流媒体对"天舟一号"发射报道的主要传播渠道,覆盖了超2.6亿人。对央视新闻、人民日报、中国新闻网、中国日报、新华网、光明网等主流媒体官方微博的数据统计结果显示:阅读量累计达到10549.5万次,点赞量累计达到359206次,评论量为47058条,转发量为75867次。各媒体微博传播数据具体信息见表3.2。

表3.2 主流媒体微博传播情况

媒体微博	阅读量(万次)	点赞量(次)	转发量(次)	评论量(条)
人民日报	6180	156735	23076	9484
央视新闻	2716.9	172110	19161	55300
中国日报	550.4	20446	2403	9617
中国新闻网	1011.1	8973	2280	1094
中国新闻周刊	31.9	186	25	32
光明网	41.1	529	75	321
国际在线新闻	18.1	227	38	19
合计	10549.5	359206	47058	75867

(3) 几大视频平台传播量相对较小

由于当时"天舟一号"视频的主要播放平台为央视影音,因此在其他视频平台的传播量相对较小,共计发布视频 16 条,转发量为 5 次,评论量为 1898 条,点赞量为 2547 次。具体如下:爱奇艺共计发布视频 9 条,转发量为 5,点赞量为 1592 次,评论量为 1794 条;腾讯视频共计发布视频 3 条,评论量为 45 条;优酷视频共计发布视频 4 条,播放量为 628 次,评论量为 59 条,点赞量为 955 次。总体来说,传播量相对较小。而 2017 年,人民日报、新华社等中央级主流媒体均未入驻抖音。

2. 四川九寨沟地震

2017 年 8 月 8 日 21 时 19 分,在四川阿坝州九寨沟县附近(北纬 33.2 度,东经 103.88 度)发生 7.0 级左右地震,震源深度 20 千米。九寨沟县漳扎镇 7.0 级地震造成 9 人死亡,164 人受伤,共疏散游客 31500 人到安全地带。

本次四川九寨沟地震事件,通过微博、微信、网络新闻、视频网站、融媒体平台等多种方式迅速传播,累计覆盖 14 亿人。使全国各地公众及时了解到灾区人民的实际情况,各地也通过媒体表达了对灾区人民的慰问。

自 2017 年 8 月 7 日至 2019 年 10 月 18 日,各类媒体报道总数量为 98527 次,其中微博占比为 89.11%,在媒体中占比最高。具体信息如图 3.7 所示。

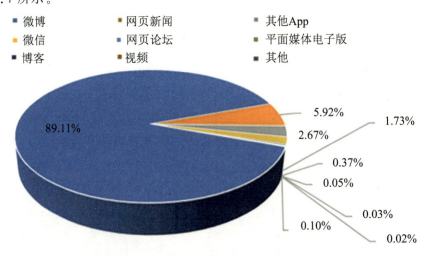

图 3.7 不同传播渠道的报道数量占比

(1) 融媒体平台直播展现时效性及分发优势,观看人数超千万

四川九寨沟地震发生后,山东广播电视台融媒体资讯中心在客户端发起直播,并不断更新发送来自现场的图文和视频,在地震发生后的 48 小时内,在闪电新闻客户端、齐鲁网以及官网微博、微信共计发起 10 场移动直播,发布瀑布流信息 600 余条,并在央视新闻、腾讯新闻等多家媒体进行了多平台信号分发,观看人数突破 1000 多万。

(2) 微博传播占比近九成,阅读量超 13 亿次

在此次突发地震事件中,对央视新闻、人民日报、中国新闻网、中国新闻周刊、中国日报、光明网、国际在线新闻、新浪新闻、人民网等官方微博的数据统计结果显示:阅读量累计达到 133740.1 万次,点赞量累计达到 504383 次,转发量累计达 4616084 次,评论量累计达到 310875 条。各媒体微博传播数据具体信息见表 3.3。

表 3.3 主流媒体微博传播情况

媒体微博	阅读量(万次)	点赞量(次)	转发量(次)	评论量(条)
人民日报	84880	174100	3894700	99000
央视新闻	41857	265800	679000	179300
中国新闻网	3787.4	35700	24000	19200
人民网	1205.9	10800	12000	7200
新浪新闻	1100	11091	3438	3597
中国日报	480.3	4100	1569	1607
中国新闻周刊	352.6	2000	1200	800
国际在线新闻	40.5	496	78	94
光明网	36.4	296	99	77
合计	133740.1	504383	4616084	310875

(3) 视频播放量超过 3000 万次

主流媒体的官方微博共发布四川九寨沟地震视频超过 10 条,累计播放量达到 3449.5 万次。

通过视频 App 共计发布视频 22 条,转发量为 120 次,评论 5559 条,点赞量 1550 次。其中,爱奇艺共发布视频 4 条,转发量为 10 次,评论量为 394 条;腾讯视频共发布视频 5 条,评论量为 13 条;优酷共发布视频 6 条,评论量为 24 条,播放量 2073 次,点赞量 1 次;芒果 TV 共发布视频 3 条,评论量为 22 条,播放量 267 次,点赞量 1 次;抖音共发布视频 4 条,评论量为 5106 条,转发量为 110 次,点赞量 1548 次。

3. "嫦娥四号"月球探测器发射

2018 年 12 月 8 日,我国"嫦娥四号"月球探测器在西昌卫星发射中心发射,这是人类第一个着陆月球背面的探测器,首次实现了月球背面巡视勘察及地球与月球背面的测控通信,开启了人类探索宇宙奥秘的新篇章,其意义不言而喻。对于这样重大事件的报道,各媒体都做了充足的准备和及时的响应。主流媒体不仅通过传统方式,也利用自己的新媒体渠道进行了广泛的传播。当日,央视新闻频道的新闻直播间进行了直播,同时还通过微博、视频平台在互联网上进行扩散,累计覆盖 5 亿人。

自 2018 年 12 月 1 日至 2019 年 10 月 18 日,各类媒体报道总数量为 703 次,其中网页新闻占比为 32.58%,在媒体中占比最高,其次为微博(28.88%),再次为其他 App(17.64%)。具体信息如图 3.8 所示。

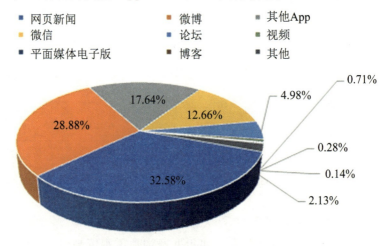

图 3.8　不同传播渠道的报道数量占比

（1）卫视直播覆盖人数近 500 万人

"嫦娥四号"月球探测器的发射过程在新闻直播间首播，直播关注度为 0.45%，市占率为 5.08%。覆盖人数近 500 万。

（2）微博仍是传播的主要阵地，覆盖近 3.6 亿人

对央视新闻、人民日报、人民网、中国新闻网、中国新闻周刊、中国日报等官方微博的统计结果显示：阅读量累计达到 36742.1 万次，点赞量累计达到 495311 次，转发量累计 190773 次，评论量累计达到 90422 条。各媒体微博传播数据具体信息见表 3.4。

表 3.4　主流媒体的微博传播情况

媒体微博	阅读量（万次）	点赞量（次）	转发量（次）	评论量（条）
人民日报	21940	281600	122900	51500
央视新闻	7225.4	76800	33500	14800
人民网	3718	70800	18600	10200
中国新闻网	3587.9	62800	14800	12800
中国新闻周刊	176.7	2400	700	1000
中国日报	94.1	911	273	122
合计	36742.1	495311	190773	90422

（3）主流媒体在微博发布视频播放量超 1.4 亿次

在对"嫦娥四号"发射的相关视频报道中，由主流媒体在官方微博上发布的视频有 8 条，累计播放量达到 14702.4 万次。

（4）主流媒体的抖音视频传播量较大

本次报道中，通过抖音共计发布视频 5 条，播放量超千万次，评论量达 5 万多条，转发量为 2 万多次，点赞量近 200 万次。其中人民日报抖音号在发射当天发布的发射视频获得点赞 29.3 万次，6982 条评论，2400 次转发；中国日报抖音号于 2019 年 1 月 3 日发布的视频获得 22.6 万次点赞，1217 条评论，4917 次转发。芒果 TV 共计发布视频 6 条，播放量为 21760 次，获得点赞 7 次。除此之外，爱奇艺、腾讯、优酷等视频平台也有视频发布。具体信息见表 3.5。

表 3.5　主流媒体抖音传播情况

媒体抖音	发布视频数量（条）	点赞量（万次）	转发量（次）	评论量（条）
人民日报	2	114.5	13400	32982
央视新闻	1	28.7	2914	8513
新华社	1	25.6	3148	8916
中国日报	1	22.6	4917	1217
合计	5	191.4	24379	51628

4. 首张黑洞照片发布

2019年4月10日21时，包括上海在内的全球六地共同召开新闻发布会，发布了人类首张黑洞照片。黑洞照片对黑洞阴影的成像提供了黑洞存在的直接"视觉"证据，让人类看到了这一神秘天体的真容，同时也通过模拟观测数据对爱因斯坦的广义相对论做出了验证，对研究黑洞具有重要的意义。在上海，事件视界望远镜（EHT）项目和中国科学院共同发布这一重大成果。

（1）新华网进行全程直播

针对本次人类首张黑洞照片发布，新华网对设在中科院上海天文台的新闻发布会进行全程、多终端网络直播（如图3.9所示）。直播页面可同时分享到新华微博、新浪微博及微信等。

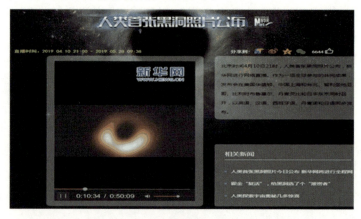

图 3.9　新华网直播人类首张黑洞照片公布

除此直播外,各大卫视新闻迅速报道首张黑洞照片的发布,同时通过微博、网站、视频 App 进行广泛传播,累计覆盖 2.7 亿人,引起全社会的广泛关注。

自 2019 年 4 月 10 日至 2019 年 10 月 18 日,各类媒体报道总数量为 16070 条,其中微博占比为 63.78%,网页新闻占比 14.82%,微信占比 9.42%。具体信息如图 3.10 所示。

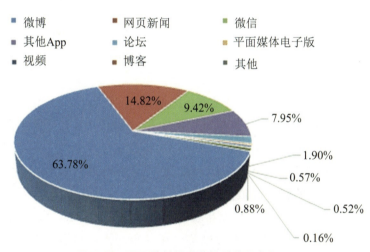

图 3.10　不同传播渠道的报道数量占比

(2) 主流媒体通过微博传播覆盖超 1.7 亿人

通过对央视新闻、人民日报、中国新闻网、光明网、中国日报、国际新闻在线等官方微博的数据进行统计的结果显示:阅读量累计达到 17700.3 万次,点赞量累计达到 965902 次,转发量累计 99775 次,评论量累计达到 124276 条。各媒体微博传播数据具体信息见表 3.6。

表 3.6　主流媒体微博传播情况

媒体微博	阅读量(万次)	点赞量(次)	转发量(次)	评论量(条)
央视新闻	8505	654684	69438	89773
人民日报	5755	186224	12752	19975
中国新闻网	2217.5	95172	15115	11785
中国日报	588.3	25499	1418	1847

续表

媒体微博	阅读量(万次)	点赞量(次)	转发量(次)	评论量(条)
中国新闻周刊	557.2	2117	941	854
国际在线新闻	59.6	194	32	20
光明网	17.7	2012	79	22
合计	17700.3	965902	99775	124276

(3) 主流媒体在微博发布视频播放量超 6000 万次

通过主流媒体新浪官方微博发布内容含有首张黑洞照片的视频 7 条,累计播放量达到 6556.3 万次。

(4) 抖音仍是视频中传播量最大的平台

在 2019 年 4 月 10 日黑洞照片发布后的传播中,主流媒体在抖音上共计发布视频 7 条,评论量达 2 万多条,转发量 1.7 万多次,点赞量超过 78.8 万次,其中人民日报、中国日报、人民网获得点赞量较高,均超过 10 万次;人民日报的转发量最高达 8811 次,评论量也达到 1.5 万。在其他视频 App 中,芒果 TV 共计发布视频 6 条,播放量 28420 次。除此之外,爱奇艺、腾讯、优酷等视频平台也有视频发布。具体信息见表 3.7。

表 3.7 主流媒体抖音传播情况

媒体抖音	发布视频数量(条)	点赞量(万次)	转发量(次)	评论量(条)
人民日报	1	27.8	8811	15000
中国日报	1	30	2676	8750
人民网	1	13.8	3257	264
央视新闻	1	5.8	1836	207
新华社	1	1.2	787	170
中国新闻网	2	0.2468	41	91
合计	7	78.8468	17408	24482

5. "天问一号"火星探测器发射

"天问一号"是由中国航天科技集团公司下属中国空间技术研究院总

研制的探测器,用于执行中国第一次自主火星探测任务。2020年7月23日,"天问一号"在文昌航天发射场由长征五号遥四运载火箭发射升空,成功进入预定轨道。2021年2月到达火星附近,实施火星捕获。2021年5月择机实施降轨,着陆巡视器与环绕器分离,软着陆火星表面,火星车驶离着陆平台,开展巡视探测等工作,对火星的表面形貌、土壤特性、物质成分、水冰、大气、电离层、磁场等进行科学探测,实现中国在深空探测领域的技术跨越。

2020年7月1日至2021年11月1日,各类媒体对"天问一号"相关报道总量为96406条,其中微博达到49119条,占比50.95%;网页新闻22916条,占比23.77%;App客户端达到11405条,占比11.83%;微信达到5842条,占比6.06%。具体信息如图3.11所示。

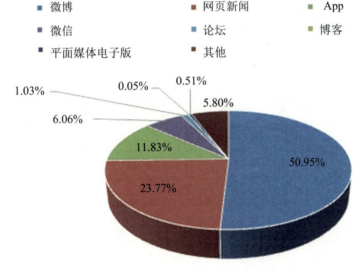

图3.11 不同传播渠道的报道数量占比

(1) 主流媒体微博传播量可观,累计超14亿人

通过对央视新闻、人民日报、人民网、中国新闻网、中国新闻周刊、中国日报、光明网、国际在线新闻等主流媒体官方微博数据统计结果显示:阅读量累计达到145153.8万次,点赞量累计达到3160063次,转发量累计达到1480132次,评论量累计达到235781条。各媒体微博传播数据具体信息见表3.8。

表3.8 主流媒体微博传播情况

媒体微博	阅读量（万次）	点赞量（次）	转发量（次）	评论量（条）
人民日报	74645	1252207	110492	1597525
央视新闻	51308	188332	100694	1219549
人民网	9471.5	26137	15656	250340
中国新闻网	4258.8	5539	3424	30104
中国日报	3556.6	5271	3337	32794
中国新闻周刊	1795.2	2552	2133	29358
光明网	82.8	43	26	221
国际在线新闻	35.9	51	19	172
合计	145153.8	1480132	235781	3160063

（2）抖音传播点赞量530万次

通过对人民日报、央视新闻、新华社、中国日报、新华网等官方抖音账号的数据进行统计的结果显示：共计发布12条短视频，累计点赞量达到530.0928万次，转发量达46847次，评论数达165764条。各媒体的抖音传播数据具体信息见表3.9。

表3.9 主流媒体的抖音传播情况

媒体抖音	发布视频数量（个）	点赞量（万次）	转发量（次）	评论量（条）
央视新闻	2	421	38288	142186
人民日报	1	89.4	5736	22000
中国日报	3	9.1	1122	420
新华社	2	6.8	568	256
新华网	4	3.7928	1133	902
合计	12	530.0928	46847	165764

(3) 央视未直播发射过程,在多个节目中播出相关内容

由于"天问一号"在发射当天的时间不确定等原因,央视未对发射全程进行直播,但在各频道多档节目中都及时对发射进行了报道,包括在CCTV-1 综合频道的《新闻联播》《晚间新闻》,CCTV-2 财经频道的《经济新闻联播》《第一时间》《正点财经》《天下财经》,CCTV-4 国际频道的《中国新闻》《今日环球》,CCTV-7 军事频道的《国防军事早报》《急速军情》,CCTV-13 新闻频道的《新闻直播间》《共同关注》《东方时空》《朝闻天下》《午夜新闻》《新闻30分》《国际时讯》等栏目播出。同时在 CCTV-9 纪录频道连续播出 10 集的"天问一号"纪录片《Hi,火星》。

2020 年 7 月 23 日 CCTV-1 综合频道的《新闻联播》播出相关信息时,直播关注度约为 2.31%,市场占有率约为 17.69%。覆盖人数高达4.6 亿人。

6. 新型冠状病毒肺炎疫情

2020 年初,一场突如其来的新型冠状病毒肺炎疫情(以下简称"新冠疫情")席卷中国大地,威胁着每一个人的健康。病毒传播、抗击疫情、封城、驰援武汉、延长放假时间、居家隔离等迅速成为所有民众关注的重点话题。媒体作为突发事件报道的主体,不仅是人们了解疫情发展的重要渠道,同时也承担着信息沟通、抚慰民众、监督政府等重要使命,尤其是中央级主流媒体,其报道的专业性、权威性和客观性,对引导舆论、解除民众恐慌、增强民众抗疫信心、维护社会稳定都起着至关重要的作用。在本次疫情报道中,中央广播电视总台、人民日报、新华社、中国日报等中央级主流媒体表现出强大的传播能力,通过融合传播的手段,实现了突出的传播效果。

(1) 通过媒体融合传播,实现突出传播效果

下文中以中央广播电视总台和人民日报为例,观察中央级主流媒体如何通过媒体融合方式对突发重大事件进行传播。

① 中央广播电视总台

在本次疫情暴发后,中央广播电视总台立时响应,自 2020 年 1 月 20 日起,《新闻1+1》栏目持续报道新冠肺炎疫情。1 月 26 日起,央视新闻频道推出《战疫情特别报道》，以抗击疫情为主题，持续聚焦全国抗击疫情动态，及时公布疫情最新数据。央视综合频道、新闻频道并机直播国务院新闻办公室新闻发布会、国家卫健委新闻发布会、国务院联防联控机制新闻发布会，中央广播电视总台中国之声同步转播。央视《新闻联播》节目多次延长播出时间，增加抗击新冠肺炎疫情的报道内容。1月27日起，在湖北广播电视台设立"战疫情·武汉直播间"，把演播室设在抗击疫情的最前线。1月29日起，中央广播电视总台每天10点至11点、15点至16点30分对央视节目进行同步直播。中央广播电视总台广播频率利用广播覆盖面广、传播速度快、收听门槛低等优势，在所有节目上全天滚动播报新冠肺炎疫情防控进程，并在每天19点至20点推出《中国之声抗击疫情特别报道》。

除电视频道、广播等对疫情进行全面报道外，中央广播电视总台各频道、频率也充分运用全媒体矩阵，借媒体融合手段，在新媒体平台实现传播上的创新。2020年1月27日8点起，央视新闻发起不间断直播特别节目《共同战"疫"》，在央视频、央视新闻客户端、抖音、快手等移动新媒体平台同步播出，为观众提供了一个24小时不间断直击疫情防控第一线的信息渠道。央视频还开设了24小时直播端口，通过5G＋光纤双千兆网络开启火神山医院、雷神山医院施工建设"慢直播"。系列直播在腾讯新闻、今日头条、凤凰新闻、优酷、沃视频等11家网络平台播出。系列直播、慢直播在央视新闻客户端、@央视新闻微博、央视频客户端及抖音、快手、斗鱼等平台进行直播。1月31日19点，央视《新闻联播》进驻"快手"短视频社区，进行常态化直播。2月1日起，《新闻联播》开始在新浪微博同步直播。中央广播电视总台通过融合传播的方式，在所有新媒体平台上的传播都获得了相当大的传播量（主要传播数据将在后文中展示），在全国人民中产生了巨大影响力，取得了突出的传播效果。

② 人民日报

关于新冠疫情，《人民日报》的融合传播主要通过报纸、微博、微信及其客户端进行传播。最早的报道源于其新媒体平台微博和微信。人民日报的官方微博在2019年12月31日就发布了3条相关信息，而人民日报的官方微信则在2020年1月1日发布了《刚刚，武汉华南海鲜批发市场休市整治》的文章。2020年1月20日，在央视连线钟南山院士确定新冠病毒存在人传人现象后，人民日报微博便转载了部分采访。此后，微博上发布了大量疫情相关内容，其中有相当数量的内容是关于防治科普以及辟谣类信息。而在微信平台，2020年1月20日至2020年3月19日，其公众号共发布969篇文章[1]，主要内容分为疫情通报、数据解读、政策解读、服务渠道、辟谣回应、暖心报道、健康科普、声援武汉以及倡议锐评[2]。微信平台不仅及时传递疫情信息，进行辟谣和科普，还收集了人民的疑问与困难，并及时回应。而纸版人民日报对于新冠肺炎的报道主要分布在头版要闻、要闻、评论、经济、理论、文化生态、国际版面。其中，新冠疫情在要闻版面的报道数量占比较高。

人民日报的多媒体平台的拓展使此次疫情报道的传播更为广泛，新媒体平台在疫情报道中占据了重要的比例，发挥了非常大的作用。

下面将以在传播中具有代表性、传播效果较为显著的新媒体平台微博和抖音为例，分析主流媒体在疫情报道中的表现。

（2）微博传播范围较广

① 疫情相关报道微博点赞量超2亿次

根据2020年1月20日至3月15日期间微博平台上人民日报、央视新闻、新闻1+1、中国新闻网、中国日报、光明网、新华网及新浪新闻、腾讯新闻、科普中国账号关于新冠肺炎传播的相关数据统计的结果显示：共计发布7269条微博，累计点赞量达到207509148次，累计评论量达到11852690条，累计转发量达到15743910条。

从不同日期的微博发布数量来看，1月20日至2月10日是发布数量最多的时期，单天发布微博数量均超过100条，其中1月26~29日均超过400条，达到峰值。具体信息如图3.12所示。

---

[1] 刘明洋，吴洁. 在理性权威中诉诸感性表达：基于新冠肺炎疫情期间《人民日报》疫情评论的舆论引导分析[J]. 中国出版，2020(17)：17-23.

[2] 杨丽雅，宋恒蕊. 共情与共意：新型主流媒体在舆论场中的话语机制研究：以《人民日报》微信公众号新冠肺炎疫情报道为例[J]. 新媒体研究，2021(7)：49-52.

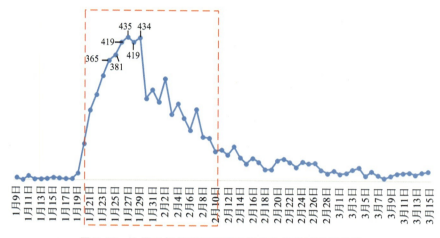

图 3.12 人民日报等账号不同日期发布的微博数量分布

从不同日期的微博点赞量来看,1月20日至2月2日是数量最多的时期,单天发布微博点赞量均超过 200 万次,其中 1 月 21～27 日均超过 100 万次,达到峰值。具体如图 3.13 所示。

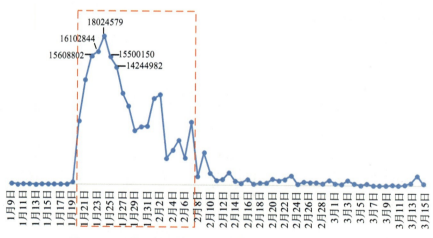

图 3.13 人民日报等账号不同日期发布的微博点赞量分布

从不同日期微博评论量来看,1月20日至2月7日是数量最多的时期,单天发布微博评论数量均超过20万条,其中1月22~26日均超过70万条,达到峰值。具体信息如图3.14所示。

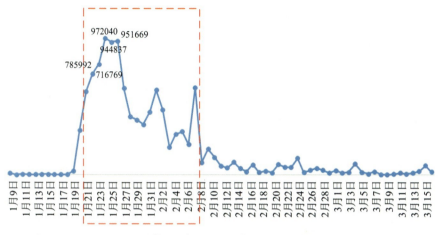

图3.14 人民日报等账号不同日期发布的微博评论量分布

从不同日期微博转发量来看,1月20日至2月7日是数量最多的时期,单天发布微博转发数量均超过10万次,其中1月23~27日均超过40万次,达到峰值。具体信息如图3.15所示。

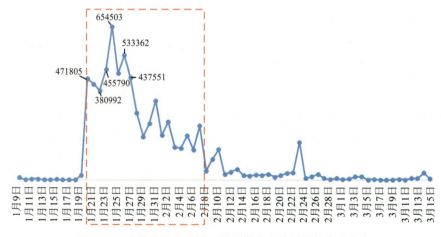

图3.15 人民日报等账号不同日期发布的微博转发量分布

② 人民日报是微博传播效果最突出的媒体

从主流媒体对于新冠疫情报道的传播效果来看,人民日报的表现尤为突出。截至 2020 年 3 月 15 日共计发布微博 1168 条,微博点赞量达到 103422173 次,评论量达到 5726411 条,转发量达到 12185395 次。具体信息见表 3.10。

表 3.10 媒体微博的传播数据情况

媒体微博	微博数量(条)	转发量(次)	评论量(条)	点赞量(次)
人民日报	1168	12185395	5726411	103422173
央视新闻	992	2832043	4818598	85822905
中国新闻网	1335	337228	768989	10369846
中国日报	700	156460	256044	4158448
新华网	444	51384	36849	397347
光明网	90	3219	1191	19753
新闻 1+1	43	1805	2940	14418
合计	4772	15567534	11611022	204204890

③ 疫情通报和政府出台相关措施是主要传播内容

从中央级主流媒体发布的微博内容来看,发布数量最多的是疫情通报,达 3321 条,体现出疫情信息公开透明的特点;其次为政府的各项管理信息,包括国务院及各地出台关于应对疫情的具体措施、疫情诊疗方案、"封城"、延长假期等相关信息,达 1262 条。除此之外,新闻发布会(包括国务院联防联控发布会、湖北省新闻发布会等)信息 472 条,国外信息 435 条,科研治疗信息 360 条,疫情相关科普 340 条。具体信息如图 3.16 所示。

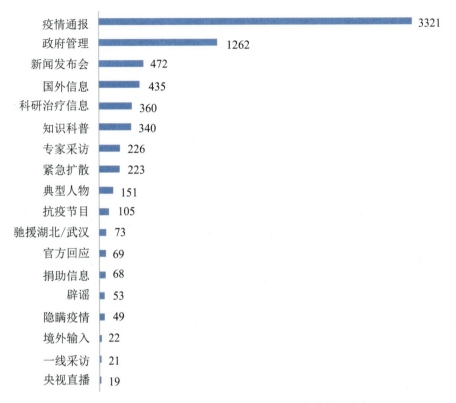

图 3.16　人民日报等账号微博发布不同内容的数量分布

(3) 抖音传播效果显著

① 疫情相关抖音短视频点赞量超过 14 亿

根据抖音平台上人民日报、央视新闻、中国日报、中国新闻网、光明网、新华网及新浪新闻、科普中国的官方账号关于新冠肺炎传播的相关数据统计显示：截至 2020 年 3 月 15 日，共计发布 2123 条短视频，累计点赞量达到 1433192431 次，累计评论量达到 37040908 条。

从不同日期发布抖音的数量来看，对新冠疫情相关内容的传播较为稳定，日发布数量基本维持在 25~65 条之间，其中 1 月 26 日至 2 月 7 日发布数量相对较多。具体信息如图 3.17 所示。

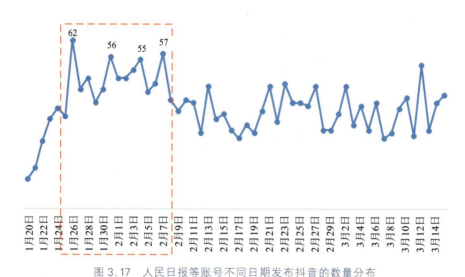

图 3.17　人民日报等账号不同日期发布抖音的数量分布

从不同日期的抖音点赞量来看，1月24日～28日是数量最多的时期，单天发布微博点赞量均超过6000万次，其中1月25日点赞量95870170次，达到峰值。具体信息如图3.18所示。

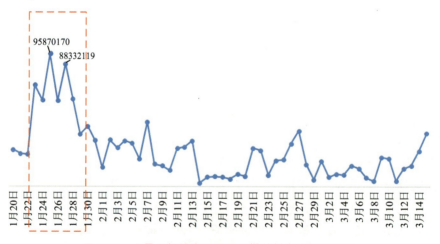

图 3.18　人民日报等账号不同日期的抖音点赞量分布

从不同日期的抖音评论量来看，1月24日至2月7日是数量最多的时期，其中1月25日评论量为3558129条，达到峰值，其次是2月7日评论量为2742657条。具体信息如图3.19所示。

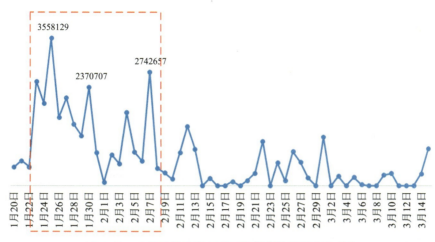

图 3.19 人民日报等账号不同日期的抖音评论量分布

② 人民日报和央视新闻评论量和点赞量远高于其他媒体

从传播效果来看,人民日报和央视新闻表现突出,评论量都达到上千万条,点赞量超 5 亿次,远远高于其他媒体。具体信息见表 3.11。

表 3.11 主流媒体抖音传播情况

媒体抖音	视频数量(个)	评论量(条)	点赞量(次)
人民日报	329	22386944	809717000
央视新闻	348	13233627	527054000
中国日报	299	1466344	66263202
中国新闻网	330	873270	25432017
新华网	237	72174	3646071
光明网	293	5919	799652
合计	1836	38038278	1432911942

③ 政府出台相关措施和国外信息是主要传播内容

从发布内容来看,政府管理是疫情相关抖音中发布数量最多的,达到 366 条,体现出政府管理对疫情控制的重要性;其次为国外信息的报道 334 条。在国内疫情防控的同时,国外疫情的情况也得到了更多的关注。

除此之外,疫情通报 261 条,一线致敬 252 条,一线动态 210 条,专家采访 119 条。

(二)案例分析结论

1. 中央级主流媒体在科技传播中发挥了主力军的作用

在我国,主流媒体是宣传贯彻党和政府方针政策的主力军。对科技传播而言,在普及科学知识、倡导科学方法、传播科学思想、弘扬科学精神的过程中,媒体也发挥着同样重要的作用。而中央级主流媒体无论是在传播能力还是在影响力、公信力等方面,都比其他媒体具备更显著的优势。上述案例显示,以人民日报、中央广播电视总台为首的中央级主流媒体,在传播中都担负着排头兵的重任,无论是对"天舟一号""嫦娥四号""天问一号""首张黑洞照片发布"等重大科技事件的报道,还是对"四川九寨沟地震"和"新型冠状病毒肺炎"等突发事件的响应,都能做出及时、专业、权威的报道,引导舆论方向,在传播中起到至关重要的作用。尤其在通过媒体融合建立起新型传播体系之后,其传播力更是得到大幅提升,影响力也日益增强。

2. 运用全媒体传播矩阵,创新融合传播手段,大幅提升传播效果

随着媒体融合的程度不断加深,主流媒体的全媒体传播矩阵都已打造完成。在先进技术的支撑下,主流媒体不仅能够发挥自身原有传播优势,同时也能充分利用新媒体资源不断创新融合传播手段,大幅提升传播效果。例如在"天舟一号"的发射中使用 VR 进行全景直播,不仅可以使观众全方位、立体地获取信息内容,也让观众更具参与感和沉浸感,使直播效果放大数倍;对"四川九寨沟地震"的报道是通过融媒体平台客户端第一时间进行现场直播的,并在地震的 48 小时内多次直播,同时将直播信号分发,实现央视等多媒体、多终端的同时传播,做到了及时迅速的信息传递,也扩大了传播范围;在新冠疫情暴发后,主流媒体充分发挥融媒

体矩阵的作用,除了通过电视、报纸、广播等传统方式进行传播外,也以移动直播、短(微)视频、创意互动等多种融媒体传播手段,全力开展疫情防控宣传,取得了非常好的传播效果。

3. 微博是主流媒体传播的重要阵地

微博作为一个主要社交媒体平台,具有多元化的内容生产机制和开放性、交互性等传播特性,在社会重大事件传播中已经成为非常重要的舆论阵地,其信息传播发酵的能力让很多传统媒体都相形见绌。因此,在媒体融合的大态势推动下,各类媒体纷纷入驻微博,使微博成为媒体发展和融合过程中的关键力量。在本章所有案例的数据分析中我们可以看到,微博是主流媒体传播的一个重要阵地,主流媒体除了通过微博发布文字、图片、视频等内容进行信息传播外,近年来,也采用Vlog、微博直播等方式进行相关报道。人民日报、央视新闻、新华社三家的微博粉丝数都已过亿。由于微博传播覆盖范围广、互动性强、用户黏性高,因此在很大程度上提升了主流媒体的传播力和影响力,成为主流媒体传播体系中不可或缺的一个重要组成部分。

4. 主流媒体通过抖音展现强大传播力

2018年,央视新闻、中国日报、新华社、人民日报等中央级主流媒体先后入驻抖音。除此之外,很多媒体也在抖音上开设了账号。虽然从数量上来说,媒体的抖音账号不及微博、微信及聚合客户端多,但单条播放量为微博的6.6倍,微信的164倍[1]。2019年,抖音等短视频平台得到快速发展,媒体通过抖音的传播也初显成效。截至目前,人民日报和央视新闻在抖音上的粉丝量分别为1.4亿个和1.3亿个,新华社、中国日报、光明日报、经济日报、新华网等在抖音的粉丝量也均超千万个。主流媒体通过短视频制作,突破了传统媒体初始介质对内容形态的限制,使传播更加多元化,极大地提升了整体传播能力。以人民日报为例,虽然与电视相

---

[1] 人民网·传媒频道.《2019年媒体融合传播指数总报告》发布 中央媒体继续领跑[EB/OL].(2020-04-30)[2021-09-16]. https://media.people.com.cn/nl/2020/0430/c120837-31693800.html.

比，纸媒的传播不占优势，但在媒体融合后，其在短视频平台的传播走在了所有媒体的前列。从案例数据也不难看出，在多数事件传播中，人民日报在抖音上的传播效果都名列前茅。如今，主流媒体在抖音的传播力日益凸显，充分利用抖音等短视频平台进行科技传播也成为媒体的一个必然选择。

第四章

省级融媒体平台建设现状及科技传播实践

一、省级融媒体平台建设概述

二、省级融媒体平台科技传播案例

三、省级融媒体平台应急传播状况分析——以抗击新冠疫情为例

四、融媒体科技传播的其他模式

五、省级融媒体平台建设和科技传播中存在的主要问题

媒体融合是国家对于媒体资源建设的一次自上而下的规划、设计与部署。2014年媒体融合上升为国家战略后，从中央到地方的主流媒体全面开启了媒体融合之路。近3年来，根据媒体融合发展的新政策、新要求，各省加快了融媒体平台的建设步伐。截至目前，我国各省级融媒体平台的建设已基本完成。

一、省级融媒体平台建设概述

（一）省级融媒体平台建设背景

2015年12月，习近平总书记视察解放军报社并发表重要讲话时明确指出，为在互联网和媒体传播领域实现与国际有关的信息、技术、平台终端以及专业技术人员的共享和融通，各个地区和省份在做好促进各种媒介资源有机融合的政策和相关工作时，要始终坚持不断地深化移动互联网和信息一体化的创造性思维和发展观念，要在以互联网为中心的现代新兴传播形式规律与新兴传统媒体的发展趋势基础上，不断完善对现有传统媒介资源、生产要素进行有效综合。各省级报业和广电系统立即贯彻落实此项意见，纷纷着手进行媒体融合的省级战略与规划。2016年6月，时任中宣部部长刘奇葆在山西日报报业集团调研时也明确指出，要在大力推进中央主要媒体融合发展的同时，推动省级主流媒体加快融合发展步伐,建好融媒体中心,促进体制机制深度融合,培养全媒记者、全媒编辑和全媒管理人员,实现传统媒体和新兴媒体融为一体,合而为一,建设新型主流媒体和新型主流媒体集团,不断增强传播力、引导力、公信力、影响力。2016~2018年,已经有部分省级广播电视台和日报社搭建完成融媒体平台,其他省级主流媒体也在积极推进融媒体平台的建设。2018年8月,习近平总书记在全国宣传思想工作会议上提出要"扎实抓好县级融媒体中心建设,更好引导群众、服务群众"后,中宣部和国家广电总局于2019年1月15日联合发布的《县级融媒体中心建设规范》中对省级融媒体平台提出了新的要求,要其成为"为县级融媒体中心的党建服务、政务服务、公共服务、增值服务等提供技术支撑、运营维护的省级云平台"。同日,《县级融媒体中心省级技术平台规范要求》也被批准成为中华人民共和国广播电视推荐性行业标准,予以发布并实施。由此,全国各省的融媒体中心省级技术平台建设工作全面启动。目前,在国家方针政策的指导推动下,我国各省融媒体平台的建设已经基本完成。

(二)支撑县级融媒体中心的省级技术平台建设方案

省(市)级融媒体云平台建设是一场思维转变革命,是以平台化的业务模式,为区域内县区级融媒体中心赋能。它具有三种功效:一是集约性,通过一次性投入建设,满足不同层级媒体的多重需求;二是聚合性,可将区域内各级各地媒体资源有效整合打通,提升一体化效能;三是扩展性,既能满足县区媒体的共性需求,也有空间满足不同区域的个性化需求①。

1. 省级技术平台定位

在《县级融媒体中心省级技术平台规范要求》中,省级技术平台应覆盖全省,与省域内县级融媒体中心实现互联互通、信息共享、协同互动。

---

① 杨海霞,刘韬. 建好融媒体云平台重构媒体新生态[N]. 中国新闻出版广电报,2020-04-09(004).

具体定位如下:为省域内县级融媒体中心的业务开展提供云端服务和技术能力支撑,为省域内县级融媒体中心的业务开展提供基础资源支持,为宣传管理部门提供宣传管理和内容监管的技术支撑。省级技术平台定位如图 4.1 所示。

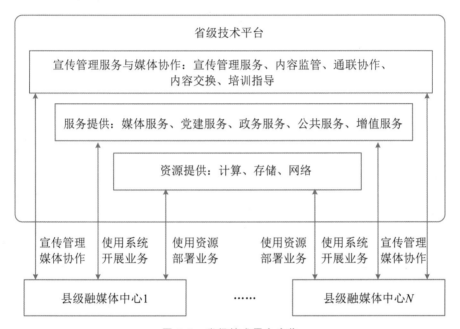

图 4.1　省级技术平台定位

2. 省级技术平台的总体架构

《县级融媒体中心省级技术平台规范要求》中明确了县级融媒体中心省级平台的总体架构,使省级技术平台建设有了统一的标准。总体构架如图 4.2 所示。

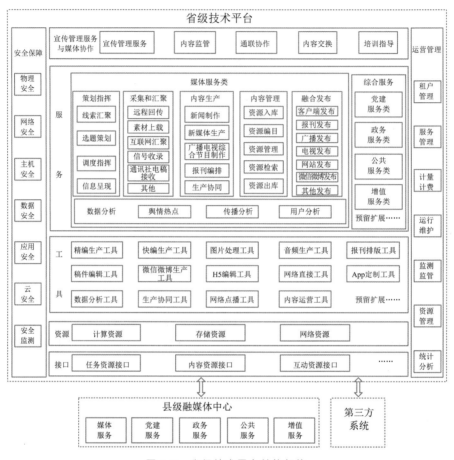

图 4.2　省级技术平台总体架构

3. 省级技术平台技术功能

省级技术平台一方面要为本级媒体发展服务企业提供信息技术基础支持和系统运行保障,另一方面在内容、渠道、平台、管理、运营方面要支持县级融媒体的深度融合。对软硬件的配置实现"五个一":

一个工作平台,确保采编及技术部门能够常态化开展工作。

一个技术支撑系统,一方面为了给采、编、发网络的稳定运行提供技术保障,另一方面为了给全省县级融媒体中心的运行提供相应的云计算服务和技术支持①。

一个完整的全媒体内容管理服务系统,一方面主要为了使社会媒体能够更好地给予记者从事各种工作和社会活动的多方位服务支持,如从网络上查阅基本资料和信息、获得新闻线索和创造各种多媒体报道等,另一方面,通过对社会媒体服务机构提供的服务和社会基础资源的支撑,有效地促进全省各区域范围内的县级融媒体中心业务的开展。

一个网络化的媒体聚合交流枢纽,将省内所有网络媒体都进行横向的联合,最终有利于全省范围内的县级网络媒体服务中心真正实现互联互通、信息共享以及网络协同与互动的最终目标②。

一个传播效果监测反馈系统,通过采取评估媒体稿件、节目传播力以及影响力的方式方法,可以迅速有效地查明热点和选定主题,并在此基础上调整传播内容和采取更适当的传播战略,向通信管理局提供通信管理和内容监督方面的技术支持③。

(三)省级融媒体平台建设情况

1. 基本建设概况

在媒体融合战略的国家顶层设计里,"中央厨房"的建设是十分重要的部分,是龙头工程。"中央厨房"不仅是融媒体内容生产的神经中枢,也是实现内容创新、人才创新的平台。因此,在各省融媒体平台的建设中,"中央厨房"是标准配置。在建设"中央厨房"的同时,各省根据自己的实际情况,从组织结构重构、业务流程再造、产品创新等多方面切入,打造出各具特色的融媒体平台。

为深入了解当前我国除港澳台外省级融媒体平台的建设情况,本书

---

① 宋建武. 5G 时代媒体融合的新机遇[N]. 江西日报,2019-08-09(5).
② 李玉薇. 共融互通·创新发展:2019 媒体融合(南昌)高峰研讨会成功举办[J]. 有线电视技术,2019(08):34-35.
③ IUD 中国领导决策案例研究中心. 好一桌"中央厨房"的新闻大餐![J]. 领导决策信息,2017(04):18-19.

对全国 31 个省份的省级主要融媒体平台开展调查。截至 2021 年 11 月，省级融媒体平台的具体建设情况见表 4.1。

表 4.1　全国主要的省级融媒体平台建设情况

所属区域	序号	省份	建立时间	建设单位	承建单位	融媒体平台名称
华北	1	北京	2019-11-23	北京市广播电视局	北京歌华传媒集团旗下歌华有线有限公司	北京云
	2	天津	2017-03-31	天津市委宣传部	天津北方网新媒体集团	津云
	3	河北	2019-10-09	长城新媒体集团	人民日报媒体技术股份有限公司、长城新媒体集团	冀云
	4	山西	2017-12-01	山西日报报业集团、山西广播电视台	山西云媒体发展有限公司	山西媒体智慧云
	5	内蒙古	2019-12-21	内蒙古日报社	自主建设	草原云
华东	6	山东	2018-11-16	山东广播电视台	自主建设	闪电云
	7	上海	2019-07-05	上海广播电视台	中国广播电视网络集团有限公司、天脉聚源科技有限公司	上海融媒体中心技术服务平台
	8	江苏	2015-11-17	江苏省广播电视总台	新奥特(北京)视频技术有限公司等	荔枝云
	9	浙江	2017-04-19	浙江广电集团	成都索贝数码科技股份有限公司	中国蓝云
	10	安徽	2018-10-18	安徽广播电视台	自主建设	海豚云
	11	福建	2019-02-11	福建广电网络集团	自主建设	福建广电网络集团融媒体运营中心
	12	江西	2019-08-23	江西日报社	江西新闻客户端	赣鄱云

续表

所属区域	序号	省份	建立时间	建设单位	承建单位	融媒体平台名称
华中	13	湖北	2016-09-14	湖北广播电视台	湖北长江云新媒体集团、新奥特(北京)视频技术有限公司	长江云
	14	湖南	2019年初	湖南日报社	自主建设	新湖南云
	15	河南	2017-06-06	河南日报报业集团	大河网	大河云
华南	16	广西	2020-12-30	广西日报社	新华智云科技有限公司	广西云
	17	海南	2020-12-28	海南日报社	海南南海网传媒股份有限公司	南海云
	18	广东	2019-04-03	广东广电网络公司	广东广电网络公司、成都华栖云科技有限公司	南粤全媒体智慧云
西南	19	重庆	2021-03-24	重庆日报报业集团、重庆广电集团（总台）	重庆广大融媒科技有限公司	重庆市区县融媒体中心市级技术平台
	20	贵州	2019年4月	贵州省委宣传部	多彩贵州网	多彩云
	21	云南	2016年10月	云南广播电视台	新奥特(北京)视频技术有限公司	七彩云
	22	西藏	建设中	西藏广播电视台		
	23	四川	2019-07-10	四川广播电视台	中国电信四川公司、华为技术有限公司	熊猫云

续表

所属区域	序号	省份	建立时间	建设单位	承建单位	融媒体平台名称
西北	24	陕西	2020-01-17	陕西广电网络传媒(集团)股份有限公司	自主研发	秦岭云
	25	甘肃	2019-07-19	甘肃日报报业集团	甘肃新媒体集团	新甘肃云
	26	宁夏	建设中	中共宁夏回族自治区委员会宣传部	中广国际建筑设计有限公司	宁夏回族自治区省级融媒体平台
	27	新疆	2019-12-23	新疆维吾尔自治区党委宣传部	新疆报业传媒集团	石榴云
	28	青海	2019-12-28	青海省委宣传部	中国电信青海分公司	大美青海云
东北	29	黑龙江	2020年3月	黑龙江广播电视网络股份有限公司	北京捷成世纪科技股份有限公司 成都华栖云科技有限公司	融媒体省级技术平台
	30	吉林	2016年	吉林广播电视台	南京厚建软件有限责任公司	天池云
	31	辽宁	2019-09-15	辽宁省委宣传部	辽宁广播电视集团	北斗云

从表4.1对省级融媒体平台的梳理中我们可以看到,目前,各省份基本实现"一省一平台",形成"以点带面,区域联动"的局面。

第一,各省融媒体平台建设过程中进行了机构重组。发展战略决定着组织机构的变革。当原有的传播战略发生改变的时候,组织机构必须进行相应的调整。在媒体融合的过程中,各省在机构重组上的做法有所不同:有的对原有单位进行合并,有的对单位进行改组,有的新设立一个专门的机构。

第二,从建设主体单位来看,各省份也不尽相同。在宣传管理部门的领导下,有的以报业集团为主,有的以广播电视台为主,还有全部重建的全新的融媒体中心或平台。

第三，在共同开展建设方面，有几种不同的模式。例如湖南省采用省级日报社建设模式；江苏省采用省级广播电视台建设的模式；山西省采用省级广播电视台和省级报业集团共同联合建设的模式。

第四，在平台搭建技术支撑方面，主要有两种方式。一种是自主研发，一种是依托于实力较强的科技开发公司，提供了完整的软、硬件设施。

由于国家出台《县级融媒体中心建设规范》《县级融媒体中心省级技术平台规范要求》为省级、县级融媒体平台搭建好了基本的框架，因此不论平台建设采用何种模式，由哪些单位承建，其在技术层面提供的内容与功能都大体相同。

省级融媒体平台在纵向上与人民日报等央媒连接，与今日头条等新媒体连接；在横向上让省内主要媒体融合入驻；向下为县级融媒体的建设提供有效的支撑。可以说，省级融媒体平台打通了自上而下的各种传播渠道，全媒体传播矩阵基本形成。

2. 省级融媒体平台的建设路径

省级融媒体平台的建设实质上是对媒体生态系统的一次重构。媒体生态主要包括四个层面：① 内容层面。内容是媒体生态的基础，优质的内容才能搭建出良好的媒体生态。在媒体融合的进程中，"内容为王"是其最大特色与优势，媒体机构只有坚持对内容的关注才能保持良好的产出能力。② 渠道层面。媒体在生态中需要尽量保证优质的内容能够有效地触达用户，这就决定了需要每一个媒体组织之间都要建立一种有效的互动性联结机制。通过这种联结机制，各媒体组织之间的优质内容都能够实现充分的流通。③ 服务层面。平台的建设工作一定要始终把媒体服务于国家治理的原则作为工作重点，坚信媒体组织和机构不仅是信息的生产者和传递商，还是促进国家治理社会主义现代化的重要实施者和推动者。坚守媒体组织应有的责任和义务，为建立健全一个新型治理共同体而努力。④ 媒体技术层面。科学技术的应用涵盖了所有媒体内容的生产和分发全过程，它们是形成媒体生态的基础。

基于这四个层面，省级融媒体平台建设要协调和管理区域内不同知识产权层级的融媒体平台,实现流程重组、资源补充和发展赋能,推动全省的媒体融合向广阔和纵深方向发展。当前省级融媒体平台的建设也围绕以下四个维度展开。

(1) 内容建设

在媒体融合的新时代,强调"内容为王"主要是基于两个原因:① 从对内影响角度来看,融媒体必将成为一个主流舆论阵地,以优质的内容作为舆论引导才能够较好地扩大媒体融合的深刻政治价值;② 从对外影响角度来看,在全球化和网络等社交新闻媒体的时代,融媒体和其他融合新闻报道已经打通了"全媒体"、连接海内外,在国际传播中也争取了自己的话语权,同时让海内外公众都以其喜闻乐见的话语表达方式和呈现方式来讲好中国故事、传播好中国声音[①]。内容建设主要从以下两个方面入手:① 在内容生产侧创新。扩大优质内容创造者群体,将区域内的各级政府部门、专家、意见带头人等社会团体组织或者个人合并作为具有专业化的UGC(用户生产的内容),以守正和创新的精神,生产出一种导向正确、形式多样的优质内容,与PGC(专业生产的内容)创作用户形成互补。② 在联动机制上进行创新。创建内容分享与联动体系,将省市县媒体全盘打通,使各级媒体能各展所长,实现优势互补。媒体融合产生的合力可以提高生产效能,产出高品质的内容和产品。

(2) 渠道联通

当前,全国各省融媒体平台在履行舆论阵地、服务平台、信息交换枢纽等线上职能方面多是采用"一地一端"的思路。在具体实施的过程中主要借助于平台让整个区域内所有的端口都实现纵向的打通,通过建立总、分端模式使平台能互为联动、互为进出口,并且通过平台的总端口实现渠道的可管可控。同时,省级平台为了实现对于县区融媒体中心的内容赋能,不仅采用了对于垂直领域相关专业频道进行统一经营的模式,更是把省级平台相关的内容信息直接分享给县区融媒体中心。作为上可对接中央媒体和商业性互联网平台,下可连接县级融媒体中心的省级融媒体平台,通过聚合区域内外的渠道资源,形成了自己完整畅通的传播渠道体

---

① 闫婷.融媒体时代"中央厨房"的引领作用[J].当代电视,2017(06):76-77.

系,提升了传播能力。

(3) 服务功能

省级融媒体平台不仅自身要成为国家主要的舆论阵地,同时也是县级融媒体中心建设的支撑平台,是政府服务群众、群众实践党的方针路线的重要桥梁纽带。为了提升区域综合治理能力,必须要以平台建设作为重点抓手,通过建设服务群众的各项能力,如新闻、政务、社会生活服务等,为县级融媒体中心实现基层综合治理提供有力的支撑。

(4) 技术融合

在省级融媒体平台建设中,媒体融合技术体系的建立具有重要的意义,不仅能为县级融媒体中心进行技术赋能,更好地达到支撑和促进区域内主流媒体信息服务在策、采、编、发等新闻制作全流程信息化生产过程中增能和提效的目标,而且可以降低县级融媒体中心的建设成本。

通过加强内容、渠道、服务、技术等层面的建设,省级融媒体平台基本构建起了一个良好的区域媒体生态。

二、省级融媒体平台科技传播案例

通过前述内容中对省级融媒体平台建设基本情况的梳理,可以看到全国的省级融媒体平台已基本完成了搭建或升级改造工作,很多平台发挥媒体融合的优势开展工作,已经取得了一定的成效。本节在对地域、平台建设及科技传播情况等因素综合考量后,精心选取了 10 个省份的融媒体平台作为案例进行分析。

(一) 北京云

1. 平台建设概况

2018 年 8 月,北京广播电视台融媒体中心正式成立,集合北京电视台、北京广播电台、北京新媒体集团三方优势,搭建传播矩阵。有效整合了电台、电视台、网站、微博、微信公众号、移动客户端等渠道资源,实现集中指挥、统筹调度、资源共享、协同生产、多维传播。2019年11月23日,受北京市委宣传部委托,由北京市广播电视局牵头、北京歌华传媒集团旗下歌华有线有限公司承建的以融媒体中心为基础的北京云融媒体市级技术平台正式上线。北京云以打造"四全媒体"为目标,以"移动优先"为理念,建设"新闻+政务+服务"的融媒体平台,助力区级融媒体中心提供媒体服务、党建服务、政务服务、公共服务和增值服务。北京云融媒体平台建立了"1+4+17+N"的立体传播格局,形成"一体统筹、上下联动、协同互通、资源共享"的全新媒体生态。目前北京17家区级融媒体中心已经通过功能接口和数据接口全部接入该技术平台,实现了技术共享以及内容共创,完成了城区间的互通。

北京云融媒体平台在新闻生产方面,打造了一个高效的媒体内容生产平台,实现"一次采集、多元生产、多元传播"的功能,支持跨平台、多渠道发布。资源被有效汇集和共享,使宣传阵地、工作协作、业务平台的整合和顺畅联动成为现实。在政务方面,北京云对接党政部门技术平台,提供申报审批、注册办证、办理社保、投诉受理等一站式政务服务。在服务方面,针对各区实际各具特色的移动端,打造统一分发又兼顾区域特色的移动客户端集群,将水电燃气缴费、就医、税务、旅游、购物、停车等信息资源进行整合,让百姓生活更为便捷。

北京云融媒体平台的整体建设特色包括:全网数据采集,获取最真实的舆情动态反馈;柔性指挥调配,协同调动全市宣传队伍;共建版权合作,促进内容的共享;打造了"北京融媒体指数",助力评估传播成效;智慧政务建设的效果显现,信息服务平台的作用得以凸显;赋能基层治理,创新推出"吹哨报到"工作平台,实现"线上吹哨部门报到"。

2. 科技传播状况

(1) 打造知名科普栏目,开展融合传播

北京广播电视台作为最具影响力的主流媒体之一,不仅在节目中对科技新闻、科技事件等进行常规报道,还设有专门的科教频道,并打造了几档原创知名科普栏目。其中最为大家熟知的是北京卫视的《养生堂》《我是大医生》及北京科教频道的《健康北京》。这三档节目的共同之处是同为健康类生活服务节目。《养生堂》节目以"传播养生之道、传授养生之术"为宗旨,采用演播室访谈结合专题片的方式,系统地介绍了中国传统养生文化,同时有针对性的介绍实用养生方法,具有很高的收视率。《我是大医生》是一档以权威医生主持团为核心,以健康养生为内容的脱口秀节目,通过有趣的互动向大众传递科学准确的健康医学知识。《健康北京》则是一档讲述健康故事、医疗资讯、健康大课堂等多种形式,邀请京城各大医院权威专家普及、传播健康知识的栏目。

在媒体融合的传播生态下,电视栏目也积极通过新媒体扩大传播渠道。以《养生堂》和《我是大医生》为例,两个栏目都在今日头条、腾讯视频、好看视频、快手、抖音、微信、微博平台进行传播。通过对2019年12月1日至2020年1月31日期间的数据进行统计,两个节目在短视频、微博、微信平台的传播情况见表4.2。

表4.2 北京卫视科普类节目融媒体传播概况

节目名称	短视频				微信			微博		
	总发布量(条)	总播放量(次)	总互动量(次)	总粉丝量(个)	总发布量(条)	总阅读量(次)	总点赞量(个)	总发布量(条)	总互动量(次)	总粉丝量(个)
养生堂	526	4321万	691万	2466万	64	59万+	3370	584	1万	126万
我是大医生	507	424万	23万	581万	275	636万+	2万	396	4107	9万

从数据中可以看出,无论是《养生堂》还是《我是大医生》,在新媒体平台都具有一定的传播量,尤其是《养生堂》在各平台的传播量都较大。融合传播无疑使节目的传播力、影响力都得到了显著提升。

(2) 新冠疫情防控宣传工作

新冠疫情期间,北京广播电视台以"快、深、广"作为"抗疫"的三个支点进行融合传播。① 速度方面:迅速调整节目的编排,密集开展抗疫宣传报道,涉及内部多个节目部门和技术部门系统的全面调整,以便将更多的节目时间留给疫情防护宣传及相关一线的报道。除了节目的内容及方向的调整以外,在疫情暴发伊始,也对各部门人员进行了紧急调整。

② 深度方面:记者亲自奔赴武汉,不畏风险,深入前线发回了很多现场报道,为公众传播及时、全面和准确的信息。③ 广度方面:融媒体跨平台联动,共同发力对疫情进行报道。公众可以通过多个端口及时地了解可靠的信息以及必备的知识,有效地提升了大家抗疫的信心,在抗击疫情中担起了媒体应该承担的社会责任并发挥了重要作用。

(二) 津云

1. 平台建设概况

2017年3月31日,津云"中央厨房"正式启动运行。津云平台是天津深入推进媒体融合的重点工程,在中共天津市委的战略部署下,依托天津北方网新媒体集团的技术优势,融合中央驻津媒体、天津日报、今晚报、天津广播电视台、北方网等主流媒体的优质资源,打造了适合全媒体融合的新闻生产机制和指挥调控体系,实现了天津市"播、视、报、网"的全媒体融合。同时,坚持"移动优先"和以用户为中心,开通津云 App 客户端,智能推送新闻信息。津云 App 吸引了近百家海外媒体入驻云上海外平台。

津云融媒体平台通过构建"互联网+"业务体系来提高市场竞争力,打造出"新闻+政务+服务+互动"的多元化移动媒体平台。为了打造符合国家要求的融媒体平台,津云不断进行完善,从组织结构到产品融合、流程融合等方面都进行了改造。在组织重构方面,2018年11月,汇集了天津广播电视台10套广播频率及9套电视频道,《天津日报》《今晚报》《中老年时报》《每日新报》《新金融观察》5种报纸,北方网、津云新媒体集团、IPTV(网络广播电视台)、广播电视网络公司等声屏报网端全媒体形态的天津海河传媒中心正式成立。该中心的成立使整合经营的优势得以显露。2018年,该中心旗下的天津有线电视频道本地化的市场份额大幅增长,占比高达37.76%,《天津日报》的平均发行量也提升至18.01万份,2019年天津春晚的收视率2.65%,津云客户端、北方网、IPTV 等多个津云电视系列要闻新媒体栏目覆盖本地和国内的注册用户达 2000 万人,这几组用户指标都已经远远超过了改革前各个新闻媒体的用户历史最高水平①。在产品融合层面,依托于先进技术积极创新,丰富产品样态,实现了在新闻信息传播领域中部分高新技术运用的突破。在流程融合方面,津云整合多方媒体力量,统筹策、采、编、发全过程,实现协同作战,并建立起信源补偿和稿费激励机制。

当 2018 年开始县级融媒体建设后,津云新媒体集团开始参与天津的区级融媒体中心建设,基于"人、货、场"三要素,理清市级与区级中心的三种关系,即彼此赋能、共建共享、共生共荣,并在实践中牢牢把握五个关键节点,即技术赋能、内容数据共享、服务资源共享、用户资源共享、运营资源共享。

2. 科技传播状况

(1) 栏目、活动相结合,多渠道开展科技传播

天津广播电视台下设专门的科教频道,2012 年 9 月,科教频道进行改版,重新定位健康、人文、生活、法制四大类节目服务百姓生活。天津广播电视台科教频道在全国所有省级科教频道中,是原创栏目较多、节目质量较好的频道之一。目前,常驻自制科技栏目共有三档,包括 2012 年就已开播的《百医百顺》《科教新气象》和 2019 年开播的《生活黑科技》;引进科技栏目三档,为《寰宇地理》《探索》和《传奇》。其中,《百医百顺》栏目中有中国顶级专家为百姓守护健康;《科教新气象》是由天津市气象影视中心与天津科教频道联合推出的气象科普类节目,该节目突破了传统气象预报节目的演播形式,重在向公众传递气象科普知识,为公众讲解气象与生活方方面面相关的科普常识;《生活黑科技》则通过对科学数据的解读,传递科普知识,讲解生活小窍门。这些栏目除在电视台播出外,在相关网站上也可以收看。同时,根据实际情况,科教频道也会联合其他机构,举办一些科普讲座和科普活动,如 2019 年推出的《天津科技大讲堂》;2020 年联合天津市国家安全局、天津市公安局特警总队、天津市河北区消防救援支队、安定医院等多家单位,共同推出年度国家安全知识普及的"科教

---

① 陈利云.打造深融时代的传媒旗舰:天津海河传媒中心党委书记、总裁王奕访谈录[J].新闻战线,2019(11):56-59.

校园行"活动等。

除了电视科教栏目外,融媒体传播平台在建立后,也通过不同媒体渠道开展了一些科技传播的工作。如津云网站上设有科技频道和养生频道,介绍科技、养生等相关内容;津云 App 中设有科技、科普相关专栏;其中健康、育儿专栏更新及时。

(2) 新冠疫情防控宣传工作

津云有效整合了天津市多方媒体的资源力量,发挥了媒体融合优势,在新冠疫情期间起到了重要的作用。它借助新媒体传播矩阵,宣传重大决策部署,报道联防联控措施成效,讲述一线感人事迹和抗击疫情故事,为营造良好舆论环境提供了有力保障。面对疫情,在报道队伍方面,打通海河传媒中心各部门,实行媒体记者统一调动,展开内容生产传播;在流程方面,实现重要报道中的统一指挥,分层落实,资源共享,移动优先;在产品生产方面,利用各种优质人力资源,探索新的表现形式,推出一系列不同形态的融媒体产品,包括快讯速递、通讯报道、系列漫画、有声漫画、系列短视频、H5 产品等,如系列漫画作品《海陆空全面出击,带你回顾天津这三大战"疫"!》,有声漫画作品《天津争分夺秒的 24 小时》,六部系列短视频《全记录:中国天津处置"发热"马印 OD688 航班》《人海战术:宝坻万人大"保底"》《歌诗达十二时辰》《疫情下,天津有三座透明的楼》,长图《张伯礼的抗疫日记:大医援武汉》,互动 H5 产品《"人民英雄"张伯礼:行大医之道》等。2020 年 8 月,"人民至上——天津市抗击新冠肺炎疫情纪实展"除在天津博物馆线下参观外,还在津云融媒体客户端利用 VR 技术进行 360 度全景展示。这些融媒体产品无疑为抗疫注入了强大力量。

(三) 冀云

1. 平台建设概况

2019 年 10 月 9 日,冀云融媒体平台正式上线。该平台由河北省委宣传部具体指导,河北长城新媒体集团领导、建设、运营,人民日报媒体技术股份有限公司联合开发。平台共包括六个主要系统,分别是融媒生产、融媒客户端、大数据（包括舆情监测）、智能媒资、共享联动、宣传指挥调度。此六大系统构成一个完整的融媒体内容生产和传播的应用体系。通过客户端、PC端、微信、微博等让新闻信息传递汇聚，实现"新闻生产＋政务服务＋民生服务＋互动参与＋资源共享"功能。

冀云融媒体平台联通省市县三级融媒体中心，任何一级融媒体都可以通过登录省平台使用云上所有的功能应用，实现"策、采、编、发、评"融媒体的生产和发布，在内容、用户、技术、数据、传播平台上全方位实现互联互通、信息共享、协同互动，形成以冀云客户端以及市县分端为核心的渠道丰富、传播高效、调控有序的传播矩阵。

冀云融媒体平台的总体建设特点包括：① 可以为不同产业领域的企事业单位提供个性化服务，推动政府新媒体向网络资讯服务、网络技术研发方向等转变运作模式；② 全省各市县融媒体中心的各种资源、优质内容被收集起来以后，发展为完整的产业链，推动了一些领域如物联网、大数据、健康养老、电子政务等全新的探索和深入，媒体的影响力也充分地凸显，构建了新的媒体生态模式；③ 采集了全省范围内的用户数据，建立了全面的推荐系统和用户行为的分析机制，协助省、市、县三级媒体直达乡镇，形成了紧密的网络连接。

2. 科技传播状况

（1）定位于生活科普

河北广播电视台设有生活广播、农民广播两套节目和少儿·科教频道、农民频道两个电视频道。少儿·科教频道有一档自制科普栏目《电视百科说》，以生活科普为主要定位，传递新鲜生活理念，为家庭成员科学生活、品质生活提供实用指导。农民频道同样也有一档自制科普栏目《非常大中医》，邀请省内外知名大中医做客，分享健康知识，讲解中医诊疗养生，使观众足不出户就可以享受权威中医的在线诊疗和权威指导。这些栏目同时通过河北网络广播电视、冀云App等融媒体平台进行多渠道传播。除此之外，也对科技新闻、科技事件进行多平台报道。在冀云融媒体平台的网站上设有健康专栏，内容更新较快，与科技融合度高。冀云App中设有健康、冀农书屋等与科技、科普相关频道，内容以图文、视频为主,更新及时。

(2) 新冠疫情防控宣传工作

在新冠疫情期间,冀云融媒体平台以内容打造为基础,坚持"宣传到底",搭建疫情防控宣传网络。冀云融媒体平台和各市县融媒体中心联动、融合、开放的优势被充分发挥,集中力量在征集专题、建设渠道等方面,统一管理全省疫情防控新闻宣传,构建渠道广阔、内容多元、发布高效的创新集成模式。如联合省内 50 余家市县融媒体中心,每天持续推出网络系列直播节目《冀云·河北战"疫"》,把各市县相关新闻资源整合到省级平台上,通过省级平台集聚全省优质新闻资源进行集中播报。同时,对接长江云、抖音等平台,联通各市县广播、电视、客户端、微博、乡村"智慧大喇叭"等渠道,同步共享直播音视频信号,形成上下联动、纵向贯通,打通疫情防控宣传和服务的"最后一公里"。其中,通过"冀云"融媒体平台充分发挥各市县融媒体中心作用,运用覆盖全县的乡村"智慧大喇叭"与直播节目联通,共享音频信号,实现了 523 个村同步收听,将防疫动态、战"疫"故事、科普知识等传播给每一个人,取得了较好的传播效果,在抗击疫情中发挥了很大的作用。

(四) 闪电云

1. 平台建设概况

闪电云是山东广播电视台自主建设的省级融媒体平台。早在 2016 年,山东广播电视台就开始了融媒体的建设,于当年 9 月成立了山东广播电视台融媒体资讯中心。2017 年 1 月,定位于融合旗舰产品的闪电新闻客户端上线。2018 年,融媒体资讯中心依托电视、网络、客户端三屏的深度融合以及"中央厨房"多样化、全媒体的报道形式,推进"山东品牌"的建设,自主研发的融媒体开放共享平台闪电云正式启动上线。

该融媒体平台重塑组织架构,重构采编流程,在融媒体内容生产和新媒体产品打造等方面都取得了一定的成果。其具体做法包括:① 进行组织重构。山东广播电视台融媒体资讯中心,将微视新闻版块、公共频道、体育频道、国际频道、齐鲁网五个单位合而为一,从根本上扭转了长期以来传统广电业务与新媒体业务"分灶吃饭"、互不相融的问题。② 推出闪电新闻客户端。借助"中央厨房"新闻调度平台,充分利用互联网技术,实现多路记者在新闻现场"闪电直播"连线,演播室与闪电新闻客户端、齐鲁网实时新闻互动,保证第一时效,聚焦第一现场,目前用户装机量已突破2300万。③ 创新内部机制,优化生产流程。建立以内容生产单元为主体的垂直管理模式,设立时事新闻部、深度新闻部、本地新闻部等各部门,每一个生产单元里既有前期记者也有后期编辑,同时保障新媒体端、电视端发稿。每个考核单元自身就是融合组织,经营自有"责任田",从而划小考核单元,明确责任目标,精细管理、控制成本、提升效率。就"中央厨房"而言,主要包括总编调度中心、采编发联动平台、传播效果监测反馈、全媒体资源库、技术支撑体系等五大系统。实现从选题策划、采访报道、编辑加工、发布运营、传播追踪、评价考核的六步闭环业务流程,各环节"有统有分",助力各媒体机构实现全媒体深度融合。④ 建设多平台传播矩阵。融媒体内容生产平台采用"融媒体内容库"作为核心的方式,融合了原有新闻制作网、体育频道制作网等多个新闻、制作系统,并面向齐鲁网、手机台、IPTV、微博、微信运营等平台提供内容支撑,改变了以往单一的采编传播方式,形成了融媒体运作的新业态,向"台网融合""多屏融合"转变。

作为省级融媒体平台,闪电云自设计之初就结合了国家的顶层设计、建设标准和区县实际情况,将打通省市县三级考虑在内,为市县融媒体平台建设预留了接口。平台可实现面向区县的定制化开发,面向区县进行逆向研发。省科技平台提供的服务,覆盖了 16 个模块和 58 个应用,在全省整体上形成了综合服务和社区服务信息枢纽。在闪电云平台的支持下,实现各级融媒体中心互联互通,形成省市县一体化的融媒体运行机制,为县级融媒体开放共享平台提供一站式解决方案,有力地推动了山东融媒体的建设发展。

2. 科技传播状况

(1) 自制科普节目较多

山东广播电视台设有农科频道,目前有四档科普相关节目,分别是

《乡村季风》《名医话健康》《医案》和《亲土种植》。《乡村季风》开播已经二十年，是农科频道的核心优质资源，国内首屈一指的品牌农业栏目。该栏目精准服务于新型农业经营主体，主要报道最前沿、最权威的农业科技信息、行业信息、政策信息，是农业转型升级的帮手。2017年，实现午间直播，打造独具特色的三农服务版块，并与新媒体进行深度融合，实现多屏互动、立体传播。《名医话健康》是山东省首档由山东省卫生与计划生育委员会主办、以名医资源为核心的大型健康谈话栏目，通过"名医＋电视＋互联网＋手机屏"实现医学科学知识融媒体传播。《医案》栏目主要将曾经发生在全省各大医院的经典、传奇病例，通过名医讲故事的方式，还原、剖析治疗过程。《亲土种植》是农科频道于2018年推出的品牌农业栏目，主要报道前沿农业信息，推广先进农业技术等。

除了电视相关的科教节目外，有线电视点播及大屏设有科普山东栏目，包括科普小剧场、科普动漫、身边的科学和健康科普等专栏内容。齐鲁网也设有健康频道。

(2) 新冠疫情防控宣传工作

新冠疫情暴发后，山东广播电视台快速响应，通过融媒体平台在第一时间发布准确权威信息。在齐鲁网首页开设专区；在闪电新闻开通"战疫"频道，以动漫图解、"九宫格"图片、H5等形式，发布《政能量丨山东"十一条"措施部署防控疫情》等系列新媒体报道；在闪电新闻客户端共推出20多场直播等。2020年1月25日，闪电新闻开通疫区紧缺物资捐助平台；1月27日，闪电新闻客户端在"问政山东"版块开通举报渠道，面向社会征集相关问题或线索；1月28日，闪电新闻客户端联合省内48家线上发热门诊机构开通网上门诊入口；1月29日上线"新型肺炎确诊患者相同行程查询工具"；1月31日，联合京东云上线应急资源信息发布平台，用融媒体技术服务于疫情防控。在"闪电云"平台的指挥调度下，向山东137个县级融媒体中心提供大量短视频、公益广告、H5产品及海报模板等素材，发动县级融媒体中心利用乡村"智慧大喇叭"、广播电视、新媒体直播访谈等进行宣传引导。"闪电云"在疫情防控中发挥了重要作用。

（五）中国蓝云

1. 平台建设概况

浙江广电集团是一个集广播、电视、报纸、杂志、新媒体于一体的综合型媒体集团。由其打造的中国蓝云融媒体平台于 2017 年 4 月 19 日正式验收。中国蓝云作为浙江省级融合媒体技术平台，集"采、编、发、用、管、存"的媒体服务特质于一体，实现了全台网与新闻采编云平台的融合贯通，频道内容制播网、新媒体云媒资库、集团媒资管理系统等在内的多平台互联、多媒体共享、多终端响应。"中国蓝云"以微服务为基础，以 Docker 容器为载体，采用分布式存储、分布式非关系数据库、内存数据库和高可用集群框架、分布式消息队列等互联网业界的成功实践，构建了面向融合媒体业态的全新融合媒体内容平台，是彻底的云原生（Cloud Native）架构，实现了多租户、自主式、全业务内容生产中心[①]。

中国蓝云融媒体平台在整体建设上具有以下特点：① 实现全媒体业务支撑；② 提供新的技术承载平台；③ 采取多租户经营模式。"中国蓝云"平台还具备大数据分析能力、标准化的接口规范和主动安全系统，提高了市、县融媒体业务运营的安全性和可靠性。

2020 年 6 月，浙江广电集团融媒体新闻中心成立，全新赋能"蓝媒号"融媒矩阵，成立"蓝媒联盟"，与浙江省内 11 个地市广电融媒体中心、90 个县市区融媒体中心，以及人民日报"人民号"、新华社新媒体中心、中央广播电视总台视听新媒体中心等央媒新媒体平台，与阿里、腾讯、新浪、字节跳动等平台合作签约，同步组建"蓝媒学院"，联动各级融媒体中心，培养新媒体人才，多平台紧密协作，共同打造浙江最具影响力的融媒联盟和全国头部新媒体阵营，构建了浙江媒体融合的新格局。

---

① 浙江广电集团中国蓝云项目今日验收[EB/OL].（2017-04-19）[2021-10-14]. https://lmtw.com/mzw/content/detail/id/144021/keyword_id/-1.

2. 科技传播状况

（1）打造与生活息息相关的科普栏目

浙江融媒体平台的科技传播内容主要来源于电视栏目和新媒体上的频道和专栏。浙江广播电视集团于 2000 年开通教育科技频道，2020 年与影视娱乐频道整合为教科影视频道。《小强实验室》就是教科影视频道栏目《小强热线》中的一个版块，用于检测、对比与老百姓生活息息相关的物品品质，因贴近民生而广受观众的喜爱。另外，由浙江省中医药管理局、浙江省中医药学会与浙江电视台公共新闻频道、浙江电视台教育科技频道以 2+2 的全新组合模式策划制作播出的大型国民养生类节目《养生大国医》也是颇受关注的科普栏目。浙江经济生活频道的《今日科技》也是聚焦企业科技创新和品牌的专题栏目。这些栏目也在网站、微博、微信上进行同步传播。中国蓝云 App 上设有知识专栏，包含健康养生、亲子育儿等版块，健康养生相关内容更新较快，具有前沿性与一定的引导作用。

（2）新冠疫情防控宣传工作

面对突如其来的新冠疫情，中国蓝云发挥省级融媒体技术平台优势，通过多媒体联动、多平台播出、融媒体报道以及省县联动、远程课程等举措，助力开展一系列行之有效的疫情防控宣传。疫情期间，融媒体技术中心紧急上线全省新闻通联系统移动版，调动全省 90 个县市区广电新媒体协同作战；充分发挥"新蓝云融合发布平台"作用，服务县级融媒体 App 发布各类疫情防控宣传报道稿件、视频；上线"疫情动态"模块实现大数据实时汇聚，在"浙广办公"和中国蓝云平台上同时加载"疫情动态"模块，实时更新各大官方网络平台的最新疫情数据、防控动态、网络辟谣等主要信息；平台着力于以电视播出为中心，调动全媒资源和多方力量，多维度进行传播，形成宣传闭环。例如浙江卫视除了常态化、滚动式的新闻直播外，还紧急策划、重磅推出了一系列节目和活动，在多个新媒体平台建立♯防控疫情浙江在行动♯互动话题，联合新浪微博、新浪新闻共同发起的"记录抗疫时光"征集活动等。新蓝网-中国蓝新闻客户端依托中国蓝融媒体中心运作机制，联合全省广电融媒体联盟"蓝媒号"，推出了一批优秀的新媒体作品，取得了良好的传播效果。其开辟的"抗击疫情"频道共有相关报道 6000 余条，全网总浏览量突破 5 亿次；完成近 40 场疫情防控工作新闻发布会网络转播；推出《浙江抗疫在行动》等网络专题，发布原创稿 1000 余篇；策划制作短视频、H5、手绘、图说、海报新闻等融媒体产品近 200 个；"捉谣记——浙江疫情辟谣"专题对涉疫情谣言及时进行辟谣；共推出"众言堂"专栏文章和评论文章 30 余篇[1]，取得了良好的传播效果。

（六）长江云

1. 平台建设概况

在媒体融合的推进过程中，湖北广播电视台首先举全台之力，将所有广播电视频道的新闻部门和新媒体新闻中心整合而成融媒体新闻中心，配套建成 700 多平方米的全媒体指挥中心，实现了"总体策划、一次采集、多种生成、多元传播"。2014 年 9 月，湖北广播电视台又根据中央和省委关于推进媒体融合发展的要求，以湖北长江云新媒体集团为建设责任主体，联合国内顶尖的互联网技术团队，利用云计算、大数据技术开始建设"长江云"新媒体平台，打造出以"长江云"为自主平台的移动客户端群（包括重点产品长江云客户端、路客 App 交通广播、笑啦 App 影音频道等），并通过微博、微信等社交媒体平台布局发布端口。2016 年 2 月，湖北省委决定，以湖北广播电视台长江云新媒体平台为基础，建设覆盖全省、互联互通的长江云移动政务新媒体平台。同年 4 月，湖北省委省政府印发《长江云移动政务新媒体平台建设方案》，全面推进平台建设。同年 9 月 14 日长江云移动政务新媒体平台正式上线，从面向全台的新媒体平台升级为具有"新闻＋政务＋服务"三项基本功能、面向全省的移动政务新媒体平台。

湖北省融媒体平台采用"1＋N"模式，即 1 个"长江云"平台，N 个县

---

[1] 新蓝网-中国蓝新闻客户端：全媒体发力战"疫"[EB/OL]. (2020-02-14)[2021-10-16]. https://baijiahao.baidu.com/s? id=1658466229572191049&wfr=spider&for=pc.

市区融媒体中心模式，推动全省媒体融合工作。作为"1+N"模式中的"1"平台，长江云平台为全省提供了数据分析、技术支撑、运行维护等服务，助力解决县级融媒体中心在媒体融合过程中缺技术、缺资金、缺人才的问题，使全省的县级融媒体中心都可通过全省统一共享的"云稿库"互联互通，有效避免了重复投入，节约了资金。在这个平台中，汇聚了湖北省广电新闻资源，协调了内容的策、采、编、审、发各个环节的统筹调度，重塑了全媒体融合生产到内容发布及运营等核心流程。作为"1+N"模式中的"N"中心，县级融媒体中心充分利用长江云平台的赋能，负责内容生产、编辑审核、投放分发等工作，将党的声音更好地进行传播，实现了新闻政务的汇聚和网络舆情的管控。

长江云平台是较早实现"新闻+政务+服务"功能的综合平台。目前，全省各地共有 2220 家中小企业和党政机关单位入驻该平台。

2. 科技传播状况

（1）科技传播在新媒体平台有所体现

湖北广播电视台（湖北长江广电传媒集团）目前设有 9 个电视频道、10 套广播频率。除了通过传统媒体在节目中对科技新闻、科技事件等进行常规报道外，"长江云"网站还包含教育、乡村、应急等相关的内容，在一定层面上体现了科技、科普内容。长江云 App 上设有健康专栏和药品安全专栏，内容更新较快，在疫情的影响下，公众的关注度较高。长江云在抖音、微博上都有账号开通，整体更新频率较高，但对科技传播内容的关注度还有待提升。

（2）新冠疫情防控宣传工作

新冠疫情期间，湖北省融媒体"云"出击。长江云面向全省各级融媒体中心和党政机关、企事业单位、社会团体提供疫情期间的线索汇聚、策划指挥、内容生产、智能媒资、融合发布、舆情监控、大数据分析等核心功能。采用 SAAS 服务的方式，实现平台的快速部署和运行，为疫情期间各行业用户提供融合内容生产发布工具，提升远程办公状态下的协同生产效率。另外，长江云为满足疫情期间全省各级媒体单位和党政机关、企事业单位、社会团体的远程视频生产需求，提供即开即用的云端视频剪辑系统,支持远程视频编辑功能,并可将编辑结果输出至云端保存。从而为抗疫一线的媒体工作者提供全天候、多形式的视频生产保障服务。

疫情期间,长江云充分发挥了平台的"新闻+政务+服务"基本功能。2020年1月27日,长江云联动全国23个省份的主流融媒体平台,吹响了抗击疫情的号角;2020年2月2日,联合全国38家主流媒体40多个端口组建的战"疫"集结号报道联盟,通过中国广播电视网络集团有限公司提供的5G流畅信号向全网直播了湖北省抗疫新闻发布会,实现了广电5G在抗击疫情最前线的全球首次实战应用。长江云TV即时策划上线"众志成城抗疫情"专区,第一时间向公众提供疫情动态和发布权威信息;在"众志成城抗疫情"专区融入新媒体跨屏投放,整合资源,实现不同屏端触达多次目标用户,服务特殊时期百姓的看病需求;为保障防控疫情期间"停课不停学",长江云TV上线了多种"电视同步课堂";还与其他单位一同承办了"新型冠状病毒肺炎防控科普知识答题"等线上活动。

(七)新湖南云

1. 平台建设概况

湖南日报社现旗下拥有《湖南日报》《三湘都市报》等8家报纸、2家期刊、华声在线网站以及在具有较大影响力的新湖南客户端、湘伴/湘遇/侃财邦微信公众号等为代表的60多家移动互联网媒体,覆盖总用户超过6300万人,形成了报、网、端、微、屏互动的立体传播体系。

2016年,湖南日报社与人民日报社新媒体中心、人民日报媒体技术股份有限公司签署媒体融合战略合作协议,共同建设"中央厨房"。湖南日报社与人民日报社新媒体中心实现内容共享和平台共享,湖南日报社生产的部分内容被人民日报社新媒体中心纳入全球推广范围。此外,双方还共同策划组织在湖南省内的大型活动,共同开展直播报道、对外宣传推广,共同维护版权,开展人才培训。人民日报媒体技术股份有限公司则为湖南日报社"中央厨房"的建设提供技术支撑。湖南日报社的"中央厨房"于2018年底正式投入使用。

早在2015年,湖南日报社打造的新湖南客户端就已经上线。2017年以来,湖南日报社在省委、省政府的重视和支持下,实施"媒体+政务"发展战略,积极推进"新湖南"从"端"到"云"的战略升级。湖南日报社通过自主创新研发,利用云计算、大数据技术,上线了移动政务新媒体云平台新湖南云。新湖南云为全省有需求的厅局、区县、高校、企业开发、生成可在电子市场独立下载的客户端,并在新湖南客户端对应建成一个个垂直频道,提供"政务+服务"功能。它同时还为区县建设移动宣传新阵地,使各区县可以独立自主开展县域宣传和政务民生服务。2019年初,在湖南省委正式确定湖南日报社为该省县级融媒体中心建设省级技术平台单位后,湖南日报社严格按照中宣部和国家广电总局发布实施的建设规范和标准,依托原服务于自身融合发展的"中央厨房",升级此前单纯以"一频一端"为抓手的新湖南云平台,自主建设了满足全省各县级融媒体中心需求的省级技术平台,名称仍为新湖南云。目前,新湖南云平台的"一频一端一厨一网"技术日趋成熟,已开发完成52个区县融媒体App和PC网站,具备了批量开发区县融媒体App和网站的能力。在新湖南云平台上,通过"融媒小厨"后台,不仅可以资源共享,区县"一频一端"还可以将自己感兴趣的内容"一键调用"。各入驻区县同时共享省级技术平台所提供的舆情大数据、政务服务、生活服务等,全面赋能县级融媒体中心。新湖南云平台还在进一步完善新时代文明实践中心、云市场、大数据分析、电商管理等重要功能模块的开发,并逐步嵌入各区县融媒体客户端,实现"新闻+政务+服务+电商"的全功能诉求。

2. 科技传播状况

(1) 新湖南云平台设有科教、健康等频道

作为以日报社为主体打造的省级技术平台,由于没有广播电视台的参与,科技传播不是以科教栏目为主,而是主要通过网站及客户端进行传播的。华声在线网站设有健康频道,包括健康资讯、健康舆情、临床医讯、热点专题、市州专区、湖湘名医、品牌活动和健康V视8个专题,传播内容较为丰富,更新速度较快。在华声专题中也会报道重大科技事件,如"神舟十三号载人飞行任务"等。而在拥有超过1900万用户的新湖南云

App 上,设有教科卫频道,其中包括科技和健康 2 个专题,形式以图文为主,更新频率较高。

(2) 新冠疫情防控宣传工作

面对新冠疫情,新湖南云省级技术平台充分发挥平台宣管和通联协作功能,紧急启动联动报道机制,充分调动各区县融媒体中心的传播渠道,刊发新湖南云采写和制作的疫情权威信息、科普和防护知识新媒体产品及辟谣信息,强化正面宣传引导,采取简单易懂的方式进行防疫知识的宣传普及,为基层防控疫情构筑正面舆论的保障。新湖南客户端、华声在线网站采写和制作的疫情防控稿件及新媒体产品被推送到各区县融媒体中心的传播平台(客户端、网站、微信公众号)。新湖南云携手"京东云与AI",面向湖南省各县级融媒体中心免费开放"智能疫情助理"咨询平台。作为湖南日报社的新媒体平台之一,湘伴微信公众号在抗击新冠肺炎疫情新闻报道中,能在第一时间发布权威信息,解读中央和省委、省政府重大决策部署,讲述湖南全省上下勠力同心抗击疫情的故事,起到了权威发布、解疑释惑、舆论引领的作用。

(八) 南粤全媒体智慧云

1. 平台建设概况

广东广电网络公司搭建的南粤全媒体智慧云平台于 2019 年 4 月 3 日正式上线。广东省在"云管端"一体化协同布局下,结合云计算、大数据、人工智能、4K 电视、IPv6 等新技术,携手广东省 27 家市、县级电视台、报社共同搭建融媒体中心技术服务平台。首批入驻该平台的包括 2 市级媒体(梅州市电视台、梅州日报),11 县/区(兴宁、蕉岭、五华、大埔、丰顺、梅县、梅江、平远、陆丰、陆河、海丰)和 1 镇(蓝坊镇)1 村(蓝坊村),实现"省、市、县(区)、镇(乡)、村"五级联动的融合发展模式。该平台提供媒体、党政、民生、公共和增值五大服务功能,助力各级融媒体中心的发展,并与新时代文明实践中心系统全面对接。南粤全媒体智慧云平台的优势包括:多屏融合,多渠道分发;一级平台,五级联动;成本节约,可管可控；云管端一体，全面支撑 IPv6；多业态融合，共创全媒体新生态。这些优势是全省融媒体一体化发展的有力支撑。

南粤全媒体智慧云平台在媒体服务方面，实现"一次采集、多种生成、多元传播"的内容生产过程。采编人员可以快捷地将现场采编的图文、音视频内容同步分发到广播、电视、报刊、微博、微信、网站、手机台、头条号、凤凰号等多个传统媒体和新媒体渠道。同时，还可以通过一键删除功能对各个平台进行快速撤稿，实现平台内容可管可控，保障安全播出。一方面可快速通过多渠道（"两微一端"、电视、网站、应急广播）将信息传送至广大人民群众中，另一方面能有效实现各级发送内容的监管与协调。

2. 科技传播状况

（1）谷豆 TV App 集成主要科技传播内容

广东广电网络借助南粤全媒体智慧云平台的有力支撑，通过广东广电网络电视大屏的南粤直播、谷豆 TV App、微信公众号等各类媒体直播平台，为全省用户提供丰富的内容和全面的服务。谷豆 TV 是广东广电网络出品的手机电视平台，提供电视直播业务及高质量影视点播内容，基本覆盖央视、全国各大卫视及广东地方电视台。在谷豆 TV 上不仅可以观看央视所有频道和各省卫视频道播出的科技、科普栏目，还可以观看广东省各地方电视频道提供的科技、科普节目，如广东现代教育频道播出的《科学达人秀》《科普动画片》《科普讲解员》等。其中，较有特色的是由广州市科学技术局主办，广东广播电视台现代教育频道、广州禾力文化传播有限公司承办的青少年科普电视节目《科学达人秀》，该节目以科学实验表演为特色，普及科学实验知识，提高青少年科学素养。

除电视科技、科普节目外，谷豆 T"上还设有专题频道，设有"乡村振兴""战疫情""反诈防骗"等版块。有以动画、MV 等形式制作的"健康中国 传承中医药文化"科普专栏，还有一些对重大科技事件的报道等相关内容。

（2）新冠疫情防控宣传工作

针对新冠疫情，南粤全媒体智慧云平台设立了"疫情大数据监测""辟谣鉴真""科学预防"和"科技进展"四大栏目，其中疫情大数据监测栏目让人们隔离在家时也能实时了解外部环境信息；辟谣鉴真栏目让人们远离谣言，正确看待疫情，在当时严峻的环境下使人们避免恐慌；"科学预防"栏目邀请了专家学者，从病毒的概述、症状、就医、病因等多方面入手，让人们全面了解新冠病毒，同时从日常防护、出行防护、角色防护、场所防护、增强免疫五大方面普及防护知识；"科技进展"栏目向人们传递最新科研资讯，是疫情期间人们心理的安稳剂。平台创作的疫情防控应急科普作品，诸如短图文、专家访谈视频等创意作品也为疫情防控工作做出了贡献。

（九）秦岭云

1. 平台建设概况

2017年3月28日，陕西广电网络传媒集团旗下的视频云平台"秦岭云"正式发布。这一平台是当时我国西部最大的视频云平台和交互大数据平台。秦岭云基于双向网络、交互技术和云计算技术，将视频业务、互联网业务等汇聚呈现在电视及智能终端上，系列产品可实现4K超高清播放、VR互动体验、微信电视、多屏互动、全频道时移回看等功能。2018年，随着县级融媒体中心建设的推进，按照国家的要求和部署，陕西广电网络传媒（集团）股份有限公司依托秦岭云打造省级技术平台。2020年1月，广电网络秦岭云融媒体省级技术平台部署完成。以"平台统一、覆盖广泛、功能多元、服务高效"为原则，以"一朵云、一张网、多厨房"为目标，构建"一体统筹、上下联动、协同互通、资源共享"的全新媒体生态，建成"秦岭云融媒体电视系统""融媒体广播系统""中央厨房系统"，上线"爱系列"移动客户端，实现陕西省县级全覆盖。平台通过"多点采集、一次加工、统一审核、统一分发"的"中央厨房"实现内容生产制作的融合；通过广播电视网以及先进的移动互联网等网络通道实现传输分发；通过电视、手机、电脑、应急广播等实现多终端传播，建成中、省、市、县、镇、村六级内容贯通、可管可控、安全可靠的融媒体平台。该融媒体平台上线后，为各级媒体机构和党委政府的新闻信息发布、内容资源共享等提供全方位支持。

通过省市县三级通联协作和资源共享的赋能支持,实现了全省各级媒体在内容、技术、管理上的初步共融互通,电视屏、电脑屏、手机屏和广播"三屏一声",同频共振。"爱"系列 App 聚合了本地、省市、国家时事行业要闻资讯、在线电视广播、直播等多元传媒形式,与全省政务服务"一网通办"平台深度对接,同步上线公安、社保、民政、工商等 37 项基础政务服务项目,用户还可通过该客户端上传短视频进行互动。平台实现"新闻＋政务＋服务"功能。

除搭建平台外,陕西省为推动媒体融合深度发展,深化广电体制机制改革,对机构进行了调整,于 2020 年 10 月将原陕西广播电视台和陕西广播电视集团合并组建成陕西广电融媒体集团。目前,集团旗下有 10 套广播节目和 10 个电视频道,还包括中国(陕西)广播电视媒体融合发展创新中心和陕西网络广播电视台、西部网、移动新媒体"陕西头条""起点新闻""闪视频",以及拥有 1000 多万粉丝用户的官方微博/微信等新媒体平台、"爱系列"移动客户端、14 个二级公司,共同打造全媒体传播体系。

2. 科技传播状况

(1) 广播、电视设置科普栏目

陕西广电融媒体集团旗下设有农村广播和农林卫视频道、生活频道,其中有科普相关节目,如生活频道的《健康好生活》是一档以"健康"话题为主线,崇尚科学的养生服务类电视栏目,通过专家教授讲解权威医学知识,向受众传播"有病早医,无病预防"的健康理念。农村广播也在每天固定时间播出健康节目。这些节目同时还在陕西网络广播电视台播出。

(2) 新冠疫情防控宣传工作

面对突发新冠疫情,陕西省委宣传部、省广电局统一部署,明确陕西省级融媒体平台等为官方发声渠道,充分发挥陕西省秦岭云融媒体平台在电视、手机、电脑、广播"三屏一声"的全媒介覆盖和全媒体传播优势,建立了陕西广播电视台、陕西广电网络、西部网等联动的省、市、县三级专题传播工作机制,省、市及全省 107 个县级融媒体中心迅速形成立体联动,为疫情防控提供舆论支撑。除广播电视播出新闻与专题外,陕西广播电视台、西部网等单位策划了"战疫情 陕西在行动"大型直播活动;融媒体

"爱系列"移动客户端及秦岭云电视端都开设了"战疫情"专栏；陕西广电网络公司专门制作了《战疫情 防新冠》系列 15 秒短视频；利用遍及全省 68 个县区 13926 个"融媒体大喇叭"资源和移动广播车等传播渠道，每日分时段，不间断把中央、省委的决策部署，防控疫情的科学知识传递给每一位农民。

秦岭云平台在抗疫宣传中主要做到了以下几点：① 全面跨界融合。疫情期间，全省上下充分将电视广播等传统媒体和三维动画、小程序、"喊话"等新媒体形式进行融合，全方位打通信息的交互融合，实现整体化、多层次以及立体的信息传播格局。② 亲和力强。陕西省县级融媒体中心结合基层群众中老人和低幼人员较多，且人群普遍防范意识不强且信息接受能力有限等实际情况，在融媒体信息传播过程中采用方言，通过顺口溜、三句半、三字歌、方言说唱等人们熟悉的形式针对疫情防控知识和措施进行宣传，同时还通过"预约口罩"等公益服务让防疫宣传得到本地化传播。③ 渗透力强。陕西省将常见的乡村大喇叭以及无人机传播等方式进行有效融合，无人机广播"硬核"喊话视频被广泛传播，形成了"网上大合唱"，在基层宣传、稳定秩序等方面影响显著，为疫情防控工作做出了贡献。

（十）北斗云

1. 平台建设概况

2019 年 9 月 15 日，北斗云暨辽宁省县级融媒体中心省级技术平台建设完成。2019 年 9 月 30 日，辽宁省 41 个县级融媒体中心入驻北斗云。至此，北斗云融媒体平台汇聚了辽宁广播电视集团所有频道、频率和 41 个县（市）融媒体中心的新闻内容。多平台、多时段、多形式、多联动，全省 41 个县（市）融媒体中心联合发力，形成多层次、多纬度的权威信息发布格局。

北斗融媒是基于辽宁省县级融媒体中心省级技术平台"北斗云"而建设的辽宁省移动新媒体矩阵的龙头，是整合辽宁省、市、县（区）媒体、党建、政务、公共及增值服务于一体的综合性全媒体智慧分发平台。2019年12月1日,北斗融媒客户端、北斗融媒微信公众号、微博、今日头条号、抖音号、快手号、百家号、大鱼号、企鹅号同步上线,北斗融媒初步完成全网各大平台分发布局。2020年2月15日,辽宁广播电视集团8大电视频道、5大广播频率在北斗融媒正式上线,实现24小时在线直播。东北新闻网以及其他各类新媒体资源也都已纳入北斗融媒客户端。北斗融媒已经实现了广播电视与新媒体新闻生产的一体策划、一次采集、多次生成、全网分发。通过整合资源、整合平台、整合营销,做到主流舆论全媒化、资源使用最优化、传播效果最大化,加速推动辽宁广播电视集团向新型主流媒体转型。

目前,北斗融媒App发稿量达到日均100条,直播活动每周约3场。短视频、直播、线下活动,已经日渐成为北斗融媒的三大特色,体现出了融媒体品牌的创意、行动力和传播效果。北斗融媒其他平台官方账户的关注度也在日渐增长,截至2020年7月,今日头条和抖音粉丝量达到45万、快手粉丝量达到20万、微博粉丝量达到55万、微信公众号粉丝量达到30万,短视频全网周均播放量过亿次。

2. 科技传播现状

(1) 设有自制科普栏目

辽宁广播电视台在不同频道设有不同的科普栏目,包括都市频道的《健康一身轻》、生活频道的《仁心说医事》、生活频道和北方频道都播出的《中医讲坛》、教育·青少频道的《大医生》等。其中《健康一身轻》是开播较早的健康类电视栏目,邀请了资深营养学专家、医学专家、运动专家等,与辽宁电视台主持人共同以寓教于乐的方式给出观众健康方面的建议。而《仁心说医事》《中医讲坛》《大医生》栏目都是非自制健康科普栏目。这些栏目除了可以在电视上播放,也可以在融媒体平台的网站和App上播放。

北斗融媒App的首页设有科技和卫健栏目。科技栏目主要包括科技新闻报道、科技前沿相关内容介绍等;卫健栏目主要普及一些健康知识,发布与健康相关信息等,多以图文形式传播。

（2）新冠疫情防控宣传工作

新冠疫情暴发后，北斗融媒以移动优先为原则，构建了立体式、全覆盖的宣传网络。制作团队实行24小时调试、采访拍摄、制作、播发。在抗击新冠肺炎疫情期间，北斗融媒全媒体矩阵根据不同平台的传播特点，进行融媒体产品的制作及推送。北斗融媒日推信息超过1000条，策划的辽宁医疗队驰援湖北的近20场"云送机、云接机"系列直播，观看总人数超过500万人。北斗融媒微信公众号发布的疫情信息，成为疫情发布的权威出口。辽视第一时间的官方微博长期以来与粉丝保持良好互动，在诸多传统媒体微博号当中，热度、关注度居前列。疫情期间，辽视第一时间微博每日更新图文及视频信息近百条，日平均阅读量近500万。北斗客户端开设多个专栏，24小时实时更新、持续发布。专栏《北斗战"疫"哨》，聚焦疫情热点，涵盖最新疫情消息、权威信息、防疫知识及驰援武汉的辽宁医护工作者相关信息，全视角关注疫情防控。专栏《"疫"封家书》在网络端呈现出了辽宁援鄂医疗队成员一封封朴素的家书[①]。北斗融媒联合辽宁省支援湖北前方指挥部共同推出的大型融媒体特别节目《你的样子》，请2054名援鄂医疗队员摘下口罩现真容。视频总量超过2000条，单条点击量平均超过1.5万次。北斗融媒的全媒体传播矩阵在疫情中发挥了应有的作用，取得了较好的传播效果。

三、省级融媒体平台应急传播状况分析 ——以抗击新冠疫情为例

2020年初，新冠疫情突然暴发并迅速传播，掀起了一场覆盖全球的社会危机，对应急科技传播提出了严峻的挑战。面对来势汹汹的疫情，如何保证信息发布及时准确、内容专业精准、形式通俗易懂，并及时消除谣

---

① 王洪丽. 北斗融媒：凝聚战疫正能量　践行使命显担当[J]. 新闻研究导刊，2020，11(18)：229-230.

言和不实信息,安抚公众紧张情绪,是对媒体的一个巨大考验。本次疫情应急科技传播的状况清晰地反映了各省融媒体平台传播的模式,其传播的水准也可以更直观地检验各省融媒体平台建设的成效,为下一步如何在融媒体环境下进行科技传播提供了案例。本节选取了 17 个省份作为样本,采取网络爬虫、文本分析的方法,从内容、形式、渠道、服务 4 个维度对各省利用融媒体平台开展疫情防控的情况进行分析。调查时间区间为 2020 年 5 月 1 日到 2020 年 7 月 31 日。省级融媒平台案例选择见表 4.3。

表 4.3 省级融媒体平台案例选择

所属区域	省份	所选省份	样本数量	总量
华北	北京、天津、河北、山西、内蒙古	北京、天津、河北	3	5
华东	上海、山东、江苏、安徽、江西、浙江、福建	山东、上海、江苏、浙江、江西	5	7
华中	湖北、湖南、河南	湖北、湖南	2	3
华南	广东、广西、海南	广东	1	3
西南	重庆、四川、贵州、云南、西藏	重庆、四川	2	5
西北	陕西、甘肃、宁夏、新疆、青海	陕西、甘肃	2	5
东北	黑龙江、吉林、辽宁	黑龙江、吉林	2	3
合计			17	31

通过对 17 个省份开展疫情应急科技传播工作进行跟踪,可以看出省级融媒体平台在疫情期间的科技传播工作大致可以归为 4 个方面:增设专栏,聚焦内容;创新形式,技术赋能;渠道融合,平台联动;信息延伸,服务群众。各省由于情况不同,开展抗疫宣传的侧重点也有所不同。

（一）增设专栏，聚焦内容

各省级融媒体平台在疫情期间，纷纷增设抗疫专栏，聚焦权威内容，利用融媒体平台传播的优势，及时、迅速地将权威信息传递给每一位受众。其中，湖北省、浙江省、黑龙江省、上海市的省级融媒体平台较有代表性。

湖北省作为抗击疫情的中心，在长江云融媒体平台上新建"湖北权威发布"专区，在省内主要的媒体、云上不同渠道、各个城市的官方网站以及其他合作的商业平台上进行发布。该新闻栏目全面报道了疫情防控重点事项，由权威人士详细介绍并解读疫情防控措施和相关政策，同时针对人民群众关心的问题如医疗就诊困难、住院困难、医疗物资保障不足等及时向所有涉事的地方、部门进行核实监管督办并给予指导答复。平台用户数量自疫情发生以来日均增 19.6 万个，日均点击量 2700 万次。

浙江省中国蓝云采用省、市、县各级融媒体联动的方式，增设疫情防控专栏，通过专栏积极宣传国家、省、市权威信息，制作、转载疫情相关报道和新媒体内容 8 万余篇次，内容涉及权威发布、权威解读、疫情动态、辟谣信息和科普知识等。

黑龙江省按照省委宣传防疫工作部署，联合省电视台、省报等省内权威媒体，在省级融媒体平台云资源库系统中建立"黑龙江权威发布"专区，汇集抗疫宣传稿件 5000 余份，打造省内战"疫"权威新闻稿件共享、分发平台，形成国家、部、台、网多级联动的宣传模式，各市县级融媒体可以直接利用省级平台开展疫情防控相关宣传。

上海市联合东方网及各地区融媒体中心联合推出了《抗击疫情上海在行动》等多款新媒体产品，通过上海市及各地区融媒体中心客户端进行发布。内容覆盖"媒体＋政务＋服务"功能，包括了航班和车次信息查询、疫情防控用品厂家信息查询等服务型工具，疫情防控政策宣传，疫情防控政策解读，疫情知识问答，疫情辟谣和疫情科普等多种内容，并在引导和服务社会大众等各个方面发挥了积极的作用。

（二）创新形式，技术赋能

围绕疫情防控，多个省级融媒体平台依据其技术专长推出各种创新产品，采用丰富多样的新媒体形式如直播、短视频、大数据图表、Vlog等吸引公众目光。这些产品以较好的创意拉近了公众和政府的距离，有效化解了恐慌情绪，在全国齐心协力、共同抗疫的日子里充分唤起了公众的共鸣。

天津市津云在抗疫期间，探索新的表现形式，推出很多不同形态的融媒体产品，如系列漫画、有声漫画、系列短视频、H5等。除此之外，线下举办的展览也在津云融媒体客户端利用VR技术进行360度全景展示。

吉林广播电视台针对疫情防控需求，全面发挥全媒体、全方位、立体化媒体宣传矩阵作用，通过吉视通、吉视网、吉林广播网、吉林融媒四大新媒体平台，利用直播、H5等新媒体形态，全面宣传疫情防控内容，构建全面、综合、有效的疫情防治宣传矩阵。据统计，疫情期间吉林融媒体宣传矩阵累计播放公益宣传影片和视频剪辑内容2万次，新闻访问量最高超2000万人次，较好地完成了疫情防控宣传。

重庆市充分发挥省级融媒体信息服务中心的技术优势，联合域内的重点网站（例如华龙网、上游新闻等），开发图解、短视频、大数据新闻等一系列的新媒体产品，并通过域内所有传播渠道传播；积极开展线上互动活动，其中华龙网与全市40个区县融媒体中心联合举办的《待到春暖花开，我们重见车水马龙！》线上传递活动受到了网友的热烈追捧，累计2亿多人次参与；同时积极开设抖音话题，加大正能量短视频集纳力度，一周内播放量达5000万次。

（三）渠道融合，平台联动

省级融媒体平台的构建模式虽有所不同，但在功能上都实现了与县级融媒体中心的互通，达到上下联动的目的。这样不仅使科技传播渠道之间的融合力度显著增强，也能实实在在地解决最后一公里能否到达的问题。在传播过程中,一方面自上而下,省级融媒体平台将中央、省级权威部门制作疫情防控的知识与资源进行聚合,打造省域范围内权威新闻稿件共享、分发平台,供给县级融媒体中心进行转载传播;一方面自下而上,由省级融媒体中心聚合筛选县级融媒体平台制作的符合地方特色的资源,通过在全省范围统筹传播,提升应对疫情科学传播的覆盖率。

陕西省委宣传部、省广电局进行统一部署,迅速在省、市和县各级建立了专题沟通机制。充分利用秦岭云融媒体平台六级贯通的特点,通过涵盖的所有电视屏、电脑屏、移动通信屏和互联网络上电视广播"三屏一声"系统优势,开通了高速的网络信息传播渠道,形成了平台协同优势互补的三维一体化信息传播网络。在全省融媒体中心统一领导下,启动了107个县级融媒体中心全方位疫情防控的新闻传播大网。

河北省冀云融媒体平台联合各个城市及地区的融媒体中心,将其相关的信息资源整合至省级平台中,通过省级平台搜集全省的优质信息资源,进行集中传递。同时,对接长江云、抖音等网络平台,联通各个城市及县域的广播、电视、微博等网络渠道,实现共享直播的音视频信号,形成横向衔接、垂直贯通的格局,为疫情防治工作的宣传与服务打通最后一公里。

江西省此次借助赣鄱云三级互联融媒体平台的信息化平台联动和整合资源优势,将新型冠状病毒疫情实时大数据同时在近50家市县级融媒体中心平台上线,为广大用户实时提供了全方位、便捷的信息实时查询和报告服务,助力推动江西省抗疫工作的开展。

甘肃省依托融媒体平台新甘肃云把实现疫情实时防控的重要技术信息资料上传"云端稿库",以供各县级融媒体中心用户使用。新甘肃云的一些基层新闻稿件通过中国甘肃网、每日甘肃新闻网、掌上兰州客户端等多种移动新媒体平台直接实现实时呈现,而信息传达系统也会及时将关键稿件向各县级融媒体中心发送。

(四)信息延伸,服务群众

省级融媒体在应急环境下所传播的疫情知识、医疗服务、生活服务、出行服务、教学服务、生产服务、政策服务等产品内容,较好地将媒体功能、政务服务功能、民生服务功能进行了有效融合,发挥了引导公众、服务公众的作用,提升了服务公众的水平,取得了显著的传播成效。

山东省闪电云融媒体平台构建疫情防控的全媒体信息资源池,汇聚 50 多条疫情防控宣传片、118 个现场消息信号源,还包括 1 个手机海报模板、H5 模板及其全媒体宣传工具箱,通过电视台、广播、报纸、移动端、乡村"智慧大喇叭"等各种全媒体宣传途径,为人们提供疫情防控知识、心理咨询等方面内容。此外,闪电新闻开通疫区紧缺物资捐助平台;闪电新闻客户端在"问政山东"版块开通举报渠道;闪电新闻客户端联合省内 48 家线上发热门诊机构上线网上门诊入口;联合京东云上线应急资源信息发布平台,用融媒体技术服务于疫情防控。

为了响应教育部"停课不停学"的号召,天津市教委联合海河传媒中心、津云新媒体集团,推出广电云课堂网络学习平台,在天津有线电视和津云新媒体客户端 App 上发布。该项服务解决了学生们疫情期间居家学习的需求,落实了国家教育部"停课不停学"的号召。

四、融媒体科技传播的其他模式

由于媒体传播生态发生了巨大的变化,为更好地跟上时代发展的步伐,提升区域科技传播的能力,新的科技传播模式也在不断探索之中。省级融媒体科技传播联盟就是其中一种重要形式,目前已在浙江、江西、陕西等地落地生根,而针对突发事件搭建的融媒体平台也是为应急科普服务的有益模式。

(一)联盟模式

1. 浙江科学传播融媒体联盟

浙江省科学技术协会于 2018 年 4 月倡导成立了浙江科学传播融媒

体联盟,该联盟是由本省科普工作机构、省内外部分主流媒体、知名互联网平台、科普自媒体和相关咨询策划制作机构自愿结成的非营利业务协作共同体。成员包括华数传媒、都市快报、腾讯·大浙网、网易浙江、今日头条、北京科技报、浙江经视、浙江经济广播电台和群言堂等。除了在媒体平台外,该联盟还积极发动社会力量做科普,共同促进浙江省的科学传播与科普建设。该联盟自成立以来,在三年多的时间里一直目标明确且有序地开展科学传播活动。

该联盟成员华数传媒携手浙江省科协共同创建了省级互动电视免费科普专区"最强科学+",辐射浙江全省。专区在内容上不仅融入了"科普中国"的精彩视频内容,还精挑细选了BBC、国家地理等国内外优秀大制作级科普专题片,并对当下热播电影、社会热点话题等进行专题策划,科学解读热点内容。结合科普游戏、弹窗问答、投票等多种互动形式,使科普宣传与家庭文化相融合,打造科普宣传大屏化、高清化、互动化的全新收看模式。此外,华数传媒还充分发挥线上线下的联动功能,策划并开展了一系列形式多样的科普专题活动。线上媒体资源与线下科普活动紧密对接,提升了"科学+"品牌在浙江省家庭电视用户中的认知度与影响力。

2020年初,浙江科学融媒体联盟提出了"提升年"计划,通过在新冠疫情应急科普、全民大型科普益智竞赛"冲刺!科学+"、全国科普日浙江主场活动、世青会"科学分享"系列、科普情景剧《加油!科学+》全省巡演等重大项目和活动中的融合创新传播,全面提升融媒体科学传播能力。在"浙场战疫"应急科普工作中发挥了重要作用。浙江省科协科普部依托北京科技报驻浙"科学+"自媒体服务外包团队搭建融媒体联盟的科普数据库和内容加工平台,依托都市快报"科学+"专刊采编团队搭建融媒体联盟的微博科普认证账号和短视频采编平台。生产的内容产品同步输送给融媒体联盟各成员单位分享。省本级"科学+"自媒体矩阵微信、微博、今日头条号三箭齐发。根据融媒体联盟成员单位媒体介质的不同,实行个性化平台分装共享,有需要集体推送的内容,各媒体可在标题、角度、详图和表达上根据情况进行取舍优化,取得了良好的传播效果。

2021年,浙江科学融媒体联盟又将其定义为"精品年",将"提升年"各成员单位创新拓展、能力提升的成果通过科学传播节目和活动进一步体现出来,打造更多名牌精品,通过提供各方资源配合科学传播。当然,浙江科学传播融媒体联盟自身的建设还需要进一步加强,通过各成员间的"联结、打通、融合",进一步提升理念和创新工作模式,推动联盟更好地发展。

2. 江西省科学传播融媒体联盟

江西省科学传播融媒体联盟于 2018 年 12 月正式成立,该联盟成立的宗旨是为了充分发挥传统媒体和新媒体的融合优势,以更好地运用各种融合的媒体资源传播科学、分享科学,做好江西省科普工作。该联盟由江西省科学技术协会联合省内 13 家媒体单位共同组成,媒体成员包括江西卫视、江西网络广播电视台、手机江西台、中国江西网、江西手机报、今日头条、百度江西、腾讯新闻(江西)、新浪江西、网易江西、华数传媒、全民竞赛网、腾讯·大浙网,建立了多维度的媒体传播渠道。

该联盟的目的、意义、宗旨有以下几点:① 在党的领导下强化科学传播社会责任,推进优质科普资源的融合生产和协同传播,提升江西省公民科学素质,厚植创新发展土壤;② 适应新时代要求,加强媒体协作,用融合思维创新传播手段,通过多种传播方式,打造科学传播品牌,探索具有江西特色的科普创新体系;③ 加强体制机制创新,以机制创新扩大媒体传播力,推进媒体在内容、渠道、平台、经营、管理模式上形成有效突破,共同建立有序共享、深度融合、健康发展的业务模式和行业生态,形成多方共赢的新格局;④ 发挥融媒体的集群优势,多纬度、全渠道地为科学传播发声,竞相报道各类大型科普活动、传播科学事件,普及科学知识、弘扬科学精神,让科学传播呈现蓬勃发展态势;⑤ 坚持以移动互联网为基础,通过多元化渠道进行信息传播,形成沟通性强、互动性好、乐于分享的"大传播"方式,让受众与科学相交互、与朋友互分享,打造有态度、有温度的科学传播方式。让分享知识成为一个态度,让阅读知识成为一种习惯[①]。

江西省科学传播融媒体联盟的成立,强化了科普阵地建设,利用微信

---

① 江西省科学技术协会. 江西省科学传播融媒体联盟成立 13 家媒体发布共同宣言[EB/OL]. (2018-12-28)[2021-10-17]. https://zj.qq.com/a/20181228/010838.htm.

公众号和抖音等新媒体，广泛传播了优质科普资讯。

3. 陕西省融媒体科学传播联盟

在陕西省科学技术协会的倡议下，陕西省融媒体科学传播联盟于2019年6月26日在西安成立。该联盟成立的目的是充分发挥传统媒体与新媒体的融合优势，更好地传播科学、分享科学，多纬度、全渠道地为科学传播发声。联盟由陕西省内相关媒体、高校及企事业单位等共同组建，秉承"团结协作、资源共享、共赢发展"的原则，各机构、单位及个人自愿申请加入，目前共计43家成员单位，秘书处设在陕西科技报社。联盟接受陕西省科协的业务指导和监督管理，其成立的重要意义在于搭建了一个推动融媒体科学传播的社会化平台，以推动融媒体深度融合、合作开发、人才培养、科学普及工作的开展。

虽然联盟都以省科协为主导，但与浙江科学传播融媒体联盟、江西省科学传播融媒体联盟有所不同，陕西省融媒体科学传播联盟成员不仅包括省内主要媒体，还广纳高校、企事业单位等社会各方力量，以共同推进融媒体科学传播。由此，陕西省融媒体科学传播联盟也成为第一家包含各方社会力量的省级融媒体科学传播联盟。该联盟力求强化科学传播社会责任，积极推进优质科普资源的融合生产和协同传播，以机制创新扩大传播力，在内容、渠道、平台、经营、管理模式上形成有效突破，共同建立有序共享、深度融合、健康发展的科学传播生态。

与企业合作，共同打造科技融媒体中心，是陕西科技报在融媒体环境下的成功尝试。陕西科技报融媒体中心成立于2019年6月，与其合作的科技型企业宏源视讯是融媒体科学传播联盟的成员单位，也是陕西省融媒体科学传播联盟开展工作的主要支撑单位。与目前我国多数融媒体中心建设中只承担硬件建设的企业不同，宏源视讯不仅负责硬件建设，同时也参与软件建设和运营管理。宏源视讯与陕西科技报社共同合作整合省科协体系资源，将科技、农业、机器人教育、智慧旅游等内容融入融媒体中心。科技融媒体中心通过以科技为题材的全面整合与科学分类，搭建了一个推动融媒体科学传播与内容提供为基础的平台，促进了各高校、媒体业和科学普及有关机构的资源互补和共同进步。同时，充分发挥融媒体的传播优势,利用直播、虚拟技术等多种方式进行宣传,取得了较好的传播效果。

综合目前各省融媒体科技传播的情况来看,随着媒体融合的不断深入,部分省级科协已经认识到利用融媒体平台开展科技传播的重要性。一些省级科协已经在本区域范围内开展了有益的尝试。比如上述三省都以联盟的形式推进科普工作的开展。虽然联盟成员构成和工作方式并不相同,有的在科协的牵头下与各大媒体联合进行融合传播,有的以科协为主导,加入高校、企业与媒体协调联动,有的以企业为主导,促进省级科协在科技传播方式战略上转型升级,但无论模式如何,都是在寻求新路径下的科技传播的更优方案。以上三省的融媒体科学传播联盟成立后,虽然程度不同,但都已经开展了一些科技传播的工作。尤其是浙江科学传播融媒体联盟,做了很多具体的工作,取得了较好成效。

(二) 广东省公共卫生应急科普融媒体服务平台

广东省公共卫生应急科普暨新冠肺炎疫情科学防控融媒体平台是全国首个面向公共卫生领域专业化、系统化、智能化的应急科普融媒体服务平台。该平台是广东省健康科普联盟为落实《广东省科协、广东省科技厅关于开展新型冠状病毒感染的肺炎疫情应急科普工作的通知》相关工作部署的重大举措。该平台提供全媒体内容采集、内容生产、内容审核、多渠道分发、裂变传播、舆情监测、互动问答、视频直播、录播等功能和服务,支撑应急科普资源库的全媒体精准化运营和社会化传播,并逐步向社会提供流行病、传染病、食品安全、用药安全、环境卫生等覆盖公共卫生全领域的应急科普常态化服务。该平台的主要内容包括四个组成部分:全国疫情监测大数据实时监测、辟谣鉴真、科学疫情预防和相关科技创新进展,并集合了联盟自 2020 年 1 月 23 日开展疫情防控应急科普工作以来开发的一系列科普作品,包括创意短图文约 180 篇、科普挂图 14 个系列 75 幅、短视频 12 个(约 12 分钟)、专家访谈视频 24 个(约 130 分钟)、二维动画 6 个(约 30 分钟)、《家庭肺炎防护 e 科普》漫画系列 5 个,电子版漫画书 1 册。

为了更好地推动广东省公共卫生事业应急科普工作的常态化可持续性开展,广东省健康科普联盟将继续加强与广东省科协、广东省科技厅、广东省卫健保障部门和广东省基层单位的合作,联合广东省疾控中心、中山大学、南方医科大学、广东省人民医院、《中国家庭医生》杂志社等联盟成员单位共同开发权威、易用、实用、有趣的公共卫生应急科普资源,与中国科学院云计算中心等科研院所推动更多的云计算、人工智能、大数据舆情监测等新一代信息技术在疫情防控和科学普及服务领域的技术应用创新及转移转化,协同构建基于"平台+终端+内容+服务"的线上线下一体化应急科普服务模式和工作体系。

针对公共卫生应急科普建立的融媒体服务平台,是在面对突发事件时更好地开展科普工作的一种有益方式。

五、省级融媒体平台建设和科技传播中存在的主要问题

(一)媒体融合度不足,协同性需要加强

在国家政策的推动下,地方媒体融合基本完成了资源重组、平台重构和体系重塑3大关键指标任务。但由于各省级融媒体平台的建设模式和建设主体并不相同,致使不同的省级融媒体平台融合程度存在差异性。有些融媒体平台打造的所谓"中央厨房"只是停留在构建上,内容、技术、平台、管理尚未完全融通,在一定程度上存在着各媒体间协同不足的问题。有的平台之间更是采用完全切割的"单体外挂"方式,并没有做到真正意义上的融合。

(二)常态化科技传播优质内容欠缺,形式缺少创新

从本章所述10个省级融媒体平台的案例中,我们可以很清晰地看到

多数融媒体平台科技传播的内容仍然以电视科普栏目为主,而在这些科普栏目中,又多为健康养生类节目,节目主题不够丰富,形式上也缺乏创新。与传统电视科普栏目相比,新媒体平台上与科技相关的内容相对较少,除了电视栏目在新媒体的播出外,即使设有频道或专题的,提供的内容也极为有限,形式多为简单的图文,更新速度相对较慢,对融媒体平台的利用并不充分。

(三)在应急传播中,内容专业性不足,存在同质化问题

在应急科学传播过程中需要确保传播内容的专业性。由于新冠肺炎是全新的病毒类型,尤其在病毒暴发初期,国家权威机构对病毒的来源、宿主、轻症转重症的节点、对症治疗方式等关键问题仍处于研究和探索的状态,所以给应急科学传播带来了很大的难度。这也造成了媒体对一些争议性话题或研究进展中的科学问题的专业性了解不足、报道不当的问题。同时,融媒体平台的运行机制也造成了一定程度上的内容同质化问题。在应急传播过程中,如何及时将专业、准确、不同角度、不同深度的信息传递给公众,是省级融媒体平台应该思考的问题。

(四)融媒体人才匮乏

媒体融合的不断推进重塑了媒体生态,也对媒体从业人员提出了更高的要求。目前,各级融媒体平台都存在着专业、全面、优质的复合型融媒体人才严重匮乏的现象。融媒体平台的人才管理机制也有待进一步完善。而人员老化、引入困难、留存不足、观念落伍等问题也都是融媒体平台产生高质量作品、进行高质量传播的阻碍。人才问题不解决,平台的传播质量就很难大幅提升。

第五章

县级融媒体中心建设状况及科技传播实践

一、县级融媒体中心建设概述

二、县级融媒体中心科技传播案例

三、县级融媒体中心科技传播主要方式

四、县级融媒体中心建设和科技传播中存在的主要问题

2018年,习近平总书记在全国宣传思想工作会议上明确提出要扎实抓好县级融媒体中心建设,更好地引导群众,服务群众。随后,国家出台《关于加强县级融媒体中心建设的意见》,提出要深化机构、人事、财政、薪酬等方面改革,调整优化媒体布局,推进融合发展,不断提高县级媒体传播力、引导力、影响力。在一系列方针、政策指导推动下,县级融媒体中心建设进入快车道。

一、县级融媒体中心建设概述

(一)县级融媒体中心建设背景与意义

我国人口众多,为快速提升媒体机构在基层的普及率,建立与我国四级行政区域相符合的大众媒体传播层次,为人民群众构建更加通畅的信息获取渠道,在1983年第11次全国广播工作会议上,提出了"四级办台、混合覆盖"的方针政策。这一政策在一定程度上解决了当时我国信息不畅的问题。但由于我国行政区域划分以点状分布,整体较为分散,在每个县级单位配置全套的报纸、广播、电视台,导致大量媒体资源散落在各个地区,无法进行统一的调配,难以组织规模性的信息传播,形成多而散的局面①。为解决这些问题,1999年我国出台了相关文件,停止四级办台,实行网台分离,将县市广播电视台进行合并。2003年又进行了全国报业整顿,将原有近3000家县级报纸减至40余家。

  进入21世纪后,互联网的迅猛发展打破了原有的传播格局,随着技术的日新月异,媒体形态逐渐多元化。尤其是移动互联网的崛起及智能手机的普及,使整个社会生活方式发生了颠覆性改变。而处于我国媒体发展层次最末端的县级媒体,在内容、资金、人力均缺乏的大背景下受到来自互联网等新媒体的巨大冲击。作为我国数量最多、遍布范围最广的基层主流媒体②,县级媒体肩负传播政治、经济政策方针与宣传喉舌的双重功能,是连接中央、省、市与县级基层组织宣传的最后一公里③,现如今,自媒体如雨后春笋般成长,打乱了原有的传播秩序,有时会因大量不实信息的传播而混淆视听,错误引导舆论方向,使主流媒体陷入尴尬境地。这时,更需要把最接近基层群众的意识形态前沿阵地牢牢掌握在手中。因此,在传播的整体构架中,县级媒体具有十分重要的作用。如何打破陈旧、僵化的体制机制,改变其单一、落后的传播模式,扭转其传播力、公信力和影响力日渐下降的趋势,在新时代中发挥出其应有的作用,是迫切需要解决的问题。

  自2014年起,媒体融合成为媒体发展的关键词,主流媒体的融合之路全面铺开。在媒体融合的大生态环境下,打造县级融媒体中心不仅是时代发展的必然要求,也是我国在新时期治国理政的重大举措,是解决上述问题的重要途径,具有极其重大的现实意义。

---

① 姜志明,朱君健.实施多元化战略,实现可持续发展:县级广播电视台多元化经营的实践和思考[J].视听纵横,2005(05):83-84.
② 刘勇峰,江俞希.县级融媒体中心的概念研究[J].西部广播电视,2019(18):211-212.
③ 肖安波.浅谈县级融媒体中心建设[J].广播电视信息,2020(4):33-35.

（二）县级融媒体中心系统架构与功能

1. 系统架构

2019年1月15日,中共中央宣传部、国家广播电视总局出台《县级融媒体中心建设规范》,规范中明确了县级融媒体中心系统架构,包括以下内容:总体策划指挥(策)、信息的采集和汇聚(采)、传播内容生产(编)、内容审核(审)、融合发布(发)、大数据分析(统)、综合服务、网络安全、运行维护和监测、监管(支撑)等部分组成,如图5.1所示。

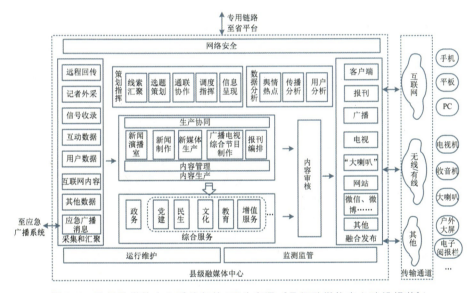

图5.1 县级融媒体中心系统架构(图片来源:《县级融媒体中心建设规范》)

2. 主要功能

县级融媒体中心的功能作用主要有三点:一是主流舆论阵地,是县域新闻报道和舆论引导的主导力量;二是综合服务平台,是向本地人民群众提供以政务服务为核心的,包括各种本土性服务如公用事业服务和生活服务的平台,以此体现新型主流媒体的服务功能,从而产生强大的用户黏性;三是社区信息枢纽,为社区成员提供信息交互的空间,以促进社会共识的达成。

为实现上述功能,国家在县级融媒体中心的总体技术平台规范中明确了省级融媒体平台为县级融媒体中心提供的服务。具体服务内容包括:媒体服务类(包括广播业务、电视业务、报刊业务、新媒体业务、应急广播)、党建服务类(包括党建新闻、党建管理、党务管理、在线培训考试、效果评估、党内沟通)、政务服务类(如新闻发布、政务公开、政务办理、建言资政策、服务评价等)、公共服务类(如民生服务、文化服务、教育服务等)、增值服务类(如广告运营服务、区域运营服务、电子商城等)。在这些类别下,省级融媒体平台对县级融媒体在内容、渠道、平台、管理、运营方面提供融合支撑。具体如图5.2所示。

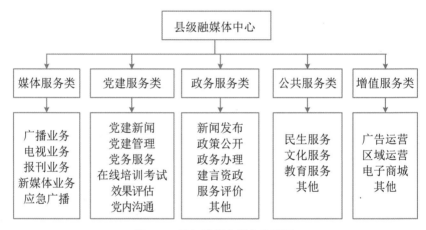

图5.2 县级融媒体服务类型图

建设县级融媒体中心的根本目的是巩固基层舆论阵地,服务群众。从其技术平台提供的基本功能可以看出,县级融媒体中心在保持原有新闻传播功能的同时,也向政务沟通、场景化生活服务的方向拓展,以提供更优质的公共服务来更好地推进基层社会治理。县级融媒体中心将单一的传统媒体转换为信息与服务平台,用数据的流动激活融媒体中心运作,以技术为驱动,重构与基层用户的关系,重塑媒体生产流程,创新基层媒体的传播生态,嵌入县域互联网发展,更好地推动了优质服务向农村延伸。

（三）县级融媒体中心建设情况

我国县级融媒体中心建设工作的推进十分迅速。从 2018 年起，县级融媒体建设已在全国逐渐展开，1756 个县至少拥有一种新媒体平台并开展相关建设工作，占比高达 93.90%[①]。

2019 年我国的媒体融合发展更进一步，从国家顶层设计层面、政府政策制定层面、理论研究推进层面及实践探索层面形成了合力，以省级"中央厨房"牵头、地市级矩阵联结、县级媒体跟进，一个平台、多方汇集、促使全媒体传播体系基本形成。在中央大力鼓励和支持县级融媒体中心建设的宏观政策背景下，各省都在快速推进县级融媒体中心建设。《县级融媒体中心建设规范》和《支持县级融媒体中心省级平台规范要求》的发布，极大地推动了县级融媒体建设的标准化和规范化。表 5.1 为截至 2021 年 11 月全国 31 个省份的县级融媒体中心建设数量的不完全统计。

表 5.1　31 个省县级融媒体中心数量统计

所属区域	序号	省份	区县总数量	拟建数量	区县融媒体建设完成数量	融媒体中心建设完成时间	区县融媒体中心建设完成度	数据来源	备注
华北	1	北京	16	16	16	2018-07-21	100%	新华网	—
	2	天津	16	16	16	2019 年 3 月	100%	新华网	—
	3	河北	167	147	147	2020 年 9 月	100%	网信河北	—
	4	山西	117	—	39	2018-12-31	44%	山西省人民政府官网	第一批
					13	2020 年 6 月		山西省吕梁市人民政府官网	第二批
	5	内蒙古	103	103	103	2019-12-21	100%	中国网	—

---

① 谢新洲,黄杨.我国县级融媒体建设的现状与问题[J].中国记者,2018,4(10):53-56.

续表

所属区域	序号	省份	区县总数量	拟建数量	区县融媒体建设完成数量	融媒体中心建设完成时间	区县融媒体中心建设完成度	数据来源	备注
华东	6	山东	136	—	130	2020-08-31	96%	东方财富网	—
	7	上海	16	16	16	2019-09-16	100%	上海发布	—
	8	江苏	95	64	64	2020年12月	100%	新江苏	—
	9	浙江	90	—	90	2020-01-17	100%	浙江人民政府官网	2020年政府工作报告中提及"县级融媒体中心实现全覆盖"
	10	安徽	104	61	61	2019-12-25	100%	安徽省互联网信息办公室、安徽文明网	—
	11	福建	85	—	84	2018-12-27	100%	闽南网福建、中华人民共和国民政部	行政区划有所变更
	12	江西	100	100	100	2019-06-28	100%	搜狐网·江西网络台	—
华中	13	湖北	103	60	60	2020年12月	100%	中国知网·论文、流媒体网广电网	—
	14	湖南	122	123	123	2020年12月	100%	湖南省人民政府官网	—
	15	河南	158	104	104	2020-01-20	100%	映象网	—
华南	16	广西	111	111	111	—	100%	中国知网·论文	建设完成时间不详
	17	海南	25	15	15	2020-05-30	100%	党建网	—
	18	广东	122	—	57	2020年	47%	中国知网·论文	第一批

续表

所属区域	序号	省份	区县总数量	拟建数量	区县融媒体建设完成数量	融媒体中心建设完成时间	区县融媒体中心建设完成度	数据来源	备注
西南	19	重庆	38	40	40	2020年12月	100%	中国新闻出版广电网	已完成建设的40家中含38个区县和两江新区、万盛经开区
	20	贵州	88	88	88	2019-03-31	100%	多彩贵州网	—
	21	云南	129	129	129	—	100%	国家广播电视总局	建设完成时间不详
	22	西藏	74	—	2	2018-12-07	2.7%	拉萨堆龙德庆区融媒体中心	中国西藏网
						2021-01-18		乃东区融媒体中心	
	23	四川	183	183	185	2020年11月	100%	国家广播电视总局	已完成建设的185家中含183个区县和天府新区、成都市高新区

续表

所属区域	序号	省份	区县总数量	拟建数量	区县融媒体建设完成数量	融媒体中心建设完成时间	区县融媒体中心建设完成度	数据来源	备注
西北	24	陕西	107	107	107	2018-10-01	100%	道客巴巴·文档	—
	25	甘肃	86	86	86	2021-04-27	100%	兰州晨报客户端·掌上兰州	—
	26	宁夏	22	22	13	2020年12月	59%	人民网	
	27	新疆	107	85	85	2019-07-01	100%	搜狐·新疆网	
	28	青海	44	38	13	2019年	—	青海普法网	计划建38家县级融媒体,第一批已全部完成建设,但未找到第二批挂牌成立的报道
					25	2020年12月			
东北	29	黑龙江	121	63	63	2019-09-30	100%	中华人民共和国国家互联网信息办公室、绥化新闻网	除伊春市新设立的4个县以外,省级建设任务为63家
	30	吉林	60	43	43	2019年12月	100%	中国知网·论文	—
	31	辽宁	100	—	—	—	—	未统计到准确信息	
合计	—	—	2845	—	2228	—	—	—	

(四) 县级融媒体中心建设模式

截至2020年底,覆盖全国的县(区)融媒体中心格局已基本构建完成。根据投入主体与付费模式的不同,其建设模式主要分为三种:① 合作共建模式。该模式由省级媒体与市、县级媒体共同投资建设;② 独立自建模式。该模式由县级媒体独立投资,购买成熟的技术及产品或根据县级媒体的需求进行量身定制,并与省级平台对接,简单快速地完成建设与融合;③ 平台共享模式。由省级媒体按照"一省一平台建设",县级融媒体平台前期不需要投入,后期按照资源管理权限予以计费。以上各种模式基本上都具备了"策、采、编、发、统"一体化数据分析的功能。同时,遵循"标准化+个性化"的思路,既有规范的统一模板,又允许各县根据自身情况开发新的功能,设计新的应用,获取内容资源和技术资源,在纵向和横向上实现广泛互联。根据建设主体的不同类型来看,县级融媒体中心建设主要也分为三种模式:① 广电独建;② 报业独建;③ 报业和广电共建。

二、县级融媒体中心科技传播案例

从 2018 年开始,县级融媒体中心建设进行得如火如荼。2020 年底,基本完成了全国县级融媒体中心的建设。虽然在建设县级融媒体中心的实践中成绩斐然,但由于经济发展水平、技术条件等多种因素制约,各县级融媒体中心在融合程度、传播能力等方面也存在一定的差异。本书通过查阅资料和实地调研相结合,精选建设模式具有一定代表性的六个县级融媒体中心案例,对其融合状况及科技传播实践情况进行分析。

(一)全国第一家县级融媒体中心——长兴传媒集团

1. 中心建设和融合发展情况

长兴县隶属于浙江省湖州市。早在 2011 年,媒体融合还未上升为国家战略时,长兴县就以融媒体建设先行者之姿开启了探索县级媒体融合发展之路,将长兴广播电视台、长兴宣传信息中心、县委报道组、"中国长兴"政府门户网站(新闻版块)整合建成长兴传媒集团,成为全国第一家整合广电和报业资源的县域全媒体集团。目前,集团旗下有3个电视频道、2个广播频率、1份报纸、2个网站,"两微一端"用户超65万人,有线电视用户18万户,员工550余人。

长兴传媒集团成立以后一直将媒体融合作为核心推动力,以大数据为引擎,用互联网思维构建县级融媒体中心,在创新、融合、智慧、品质、文化、人才六方面进行深度探索,力图将自身打造成现代互联网智慧型区域融媒体集团。经过10年的融合实践,长兴传媒集团已完成由平台简单相加向系统深度相融的转变。在融合方面的具体做法包括以下几个方面:

(1) 机制融合

自长兴传媒集团组建至今,经历了一系列的机制改革。2011年先设立了全媒体采访部;2012年改为全媒体采访中心;2014年搭建了全媒体新闻集成平台;2015年进一步升级为融媒体平台;2017年4月,集团进行了架构重组,将各媒体平台打通,组建成融媒体中心。中心下设10个部室,以促进管理扁平化、功能集成化、产品融媒化的融合发展,从而实现"一次采集、多种产品、多媒体传播、多元经营"的发展格局。同时,借鉴"中央厨房"的先进经验,打造县域版的"融媒眼"。

(2) 内容融合

内容是媒体的核心竞争力,长兴传媒集团本着"内容为王"的原则,将新闻本土化、栏目民生化、活动品牌化、专题精品化、移动优先化、节目多元化作为打造内容的策略,制作内容丰富、形式多样的节目。不仅发挥传统媒体的优势,利用电视、广播、热线等方式进行传播,同时也充分利用互联网等新媒体开展工作,例如同上级媒体和知名互联网平台深化合作制作专题,使专题活动逐渐向定制化、全网化、高端化、系列化发展;推出掌心视频、掌心音频等多样化移动端产品,每月短视频生产量超过50条,在自己的平台上最高的阅读量能够突破6万;推出微直播栏目,通过电视、广播、"两微一端"直播各类突发、服务、新闻类内容,例如"山竹"突袭、太湖水位涨高等,移动直播已经常态化。自2014年开始,每年坚持开展融媒体直播12场,已形成一套成熟的运行机制,成为收视增长的最大利器。

(3) 技术融合

媒体融合需要技术支撑。2009年,长兴传媒集团投入5000万元进行新大楼设备技术改造。从2017年至今,又投入超6000万元完成高清化改造和调频频段数字音频广播等项目建设。2017年10月,长兴传媒集团成为首家成功入驻人民日报"全国党媒公共平台"的县级媒体。2018年,开发了新的传播平台和移动终端,重点打造第三代掌心长兴App,集"新闻＋服务＋互动＋直播＋游戏"等功能于一体,并尝试搭建起长兴本地最优质的"政务＋民生"服务平台,打造长兴本地的政务、民生、公共资源、自然人等公共服务平台。在传播中,运用4G传输、流媒体传输、移动直播、无人机采集、VR全景拍摄等技术,实现内容从可读到可视、从静态到动态、从一维到多维的多媒体化展示。

(4) 人才融合

媒体融合后对人才要求更高。因此,从2017年开始,长兴传媒集团每年投入百万资金,启动"万物生长"学习提升计划,分批次组织干部员工赴杭州、上海、北京等地学习300余批次,邀请媒体融合领域专家进行培训70余次。同时,建立面向全国招聘优秀人才的常态机制,打破身份限制,完善薪酬体系和晋升机制、"首席"聘任办法等制度,使人才管理更加科学、规范。

(5) 产业融合

立足媒体优势,长兴传媒集团实施项目化运营模式,先后尝试推出"媒体＋会展""媒体＋教育""媒体＋活动""媒体模式输出"等项目,通过做好"媒体＋"文章来做强传媒产业。2012年,长兴传媒集团开始布局大数据产业,介入县域数据服务配套项目。2015年组建县级云数据中心,支撑智慧城市建设,同时,通过与科研院所的合作,推出长兴县政府服务大数据中心。2016年,建成城乡一体化信息栅格平台(CIG),建立数据库,构建全县统一数据规范,实现数据共享,平台互通。

(6) 文化融合

长兴传媒集团为提高队伍凝聚力,组建了15家俱乐部,常年开展形式多样、丰富多彩的俱乐部活动,全力打造具有"互联网基因"的办公环境,改进"传媒之家"员工餐厅,为集团发展营造了良好的传媒之家氛围。

长兴传媒集团是我国县级融媒体建设的先锋,在媒体深度融合过程中做出了有益的探索和尝试,为全国县级融媒体中心建设提供了样本。

2. 科技传播概况

(1) 日常科技传播情况

长兴传媒集团根据需要在日常传播中包含了部分科技传播内容,这些内容通过融媒体平台不同端口,以电视节目、H5、直播等多种形式进行传播。例如在掌心长兴微信公众号上推出的围绕"环境保护、循环经济"话题制作的 H5 产品《秸秆漫游记》,通过一根秸秆的"游历",引出治气治霾、还原绿水蓝天、发展循环经济等话题,荣获浙江省新媒体重大主题 H5 大奖;H5 产品《寻水的鱼》以互动形式推广治水理念,访问量达 50 万次;2018 年制作的《紫笋茶的前世今生》,使用手机直播的方式,传播量超过 10 万次。

除了通过各种平台播出常规化制作不同形式的节目外,移动直播也是长兴传媒集团一种常态化的传播手段。尤其是针对自然灾害方面的直播报道,产生了巨大的影响力,如《河长带你去治水》节目,总观看人数超过 11 万人;关于"山竹"突袭的直播,从早间 10:00 广播率先开始,紧接着掌心长兴微信、微博滚动直播,到午间 12:15 时进行电视直播,一直持续到中午 13:30。移动首发的直播还有很多,如《直击太湖高水位》《直击暴风雪》《强降雨来袭》等,都取得了较好的传播效果。

除此之外,长兴传媒集团也与当地科协有一些合作,支持科协的活动,进行一些专题策划,并利用融媒体平台进行相应的报道和宣传。

(2) 新冠疫情防控宣传情况

针对突发的新冠疫情,长兴传媒集团借助全媒体平台构建了立体、全覆盖、多层次的宣传网络,启用应急广播、电视直播、"两微一端"等多种方式进行融合传播,取得了较好的传播效果。

疫情之初,就启用覆盖面积广、面向各个乡镇村民的农村应急广播"大喇叭"、广播"村村响"全天播出长兴县疫情防控内容,确保将信息传递到户、到人;长兴应急广播、长兴人民广播电台开设的疫情直播节目《疫情防控总动员》,通过现场连线、人物故事等丰富的节目形态进行宣传报道,每天播放长达 8.5 小时,并同时在新媒体渠道实现全天滚动播出;电视方面,长兴电视新闻综合频道对栏目进行了调整,开通疫情防控类电视直播节目;在移动端,依托微信、微博和客户端三大移动端构建掌心长兴宣传矩阵。根据视频化、碎片化的传播特点,生产与移动端用户需求相匹配的内容产品,上线多条短视频和短音频。2020 年 1 至 4 月,客户端共发布文章 6100 多篇,长兴发布、掌心长兴两个微信号共发送推文 1500 多篇,日均阅读量达 30 万。掌心长兴抖音号粉丝量突破 100 万个,单条最高阅读量近 1 亿次。

(二)全国首家"广电+报业"模式的"中央厨房"
——北京延庆区融媒体中心

1. 中心建设和融合发展情况

北京市的媒体融合改革工作一直走在全国的前列,于 2018 年 7 月前完成了全市 16 个区级融媒体中心的挂牌工作,北京也自此成为全国第一个实现区县级融媒体中心全覆盖的省级行政区。

2018 年 6 月 16 日,在区广电中心基础上建成的延庆区融媒体中心正式揭牌成立。该中心建设十分高效,仅用时 99 天,期间不仅进行了融媒体中心机构设置、流程再造、人员整合,也完成了平台的搭建、新媒体阵地的建设及业务培训等重点工作。作为全国首家"广电+报业"模式的"中央厨房",延庆区融媒体中心基于人民日报"中央厨房"成熟的技术支持,依托北京歌华云平台的服务,根据延庆区自身特点和重大活动选题的要求,实现了报业、广电和新媒体的快速融合,通过延庆报、延庆电视台、延庆人民广播电台、延天下微博和延天下微信公众号等多渠道传播,打造了"政务服务+公共服务+民生服务"的全媒体平台,实现了真正意义上的区县级"中央厨房"。

对于媒体深度融合,延庆区融媒体中心主要做了以下几方面工作:① 技术融合。新的融媒体技术系统可以实现多平台资源共享、流程上网。② 产品融合。通过"一次采集、多种生成、多元传播",使所有新闻产品互通共用,实现新闻产品深度融合。③ "策、采、编、发"流程融合。取消原有不同媒体各自独立的工作流程,统一应用融媒体策采编发流程,实现全程跟踪管理。④ 内宣外宣传播融合。建立融媒体中心后,逐步负责全区外宣工作,实现内宣外宣并驾齐驱。⑤ 采编人员技能融合。融媒体中心的建立打破了原有的业务分工,要求采编人员掌握多种技能,因此也开展了业务培训,进行技能融合,建立了一支全媒体采编队伍。

延庆区融媒体中心的成立打破原有各媒体平台各自为战的传统模式,实现了部门、人员和新闻资源的高度融合。同时,采用航拍、H5、动画等形式制作多种新媒体产品,大大提升了新闻采编的效率,实现了对目标人群的精准投放,使新闻传播效果达到最大化。

延庆区融媒体中心还新建了全媒体演播室。演播室占地面积约 90 m²,分为实景站播区、虚拟绿箱区和导播区三个部分,分别具有直播、虚拟现实交互、虚拟植入(AR)、4K 三维跟踪虚拟仿真、8K 视频拍摄录制、外场连线及新媒体接入交互等功能,是一套适应全方位、多景区、多空间、多视点、多交流互动功能丰富的全媒体演播室。

延庆区融媒体中心是北京首家接入北京云平台的区级融媒体中心,全国第一个运用区块链技术实现了作品版权保护的县级融媒体中心,也是全市首批"5G+8K"新视听示范应用项目试点。中心还运用大数据传播效果评估系统发布了全国首个媒体融合指数。

延庆区融媒体中心无论在建设模式、融合机制、平台打造等多方面都有许多可以学习和借鉴的地方,是一个具有典型意义的区县级融媒体中心。

2. 科技传播概况

(1) 日常科技传播情况

延庆区融媒体中心日常除通过延庆报、延庆人民广播电台、延庆电视台等传统媒体对科技信息、科技事件等进行报道外,还通过"两微一端"及时转播北京台节目来传播科技、科普的相关内容。北京延庆 App 客户端上集成了电视频道、广播和延庆报内容,实现资源共享。延庆科协入驻了北京延庆 App 的延庆号,目前以图文的形式对全国科普日、热点科学知识、新冠疫情等内容都进行了相关报道。在北京延庆 App 其他频道栏目中也有一些科技、科普相关内容,如"农业农村""社会民生"等栏目。

(2) 新冠疫情防控宣传情况

面对新冠疫情,延庆区融媒体中心采取了多种举措,发挥了主流媒体在突发事件中的引导作用。主要做法有:① 融聚信息,建立策划审核执行中心。中心立足总编室职责,无缝对接疫情防控宣传引导工作小组要求,汇聚市区两级宣传工作重点和各单位工作实际信息,做好疫情防控宣传策划审核工作,确保宣传有的放矢,刊播安全有序。推出"延庆榜样倡导疫情应对"等主题30个,其中阅读量达到百万以上的有2个,1万以上的有6个。② 融聚服务,打造融媒体产品生产中心。融媒体中心及时采访区级调度调研检查防控和各单位工作开展情况,同时拍摄录制"四方责任须知""疫情防控知识"短视频、音频、公益广告,服务卫健委、科普大篷车、村广播站等单位和平台的宣传需求。③ 融聚平台,做好舆论宣传引导中心。中心聚焦疫情发展和受众对防控常识的需求,利用北京延庆客户端、延庆融媒微博、微信及今日头条等政务号新媒体和报纸广播电视等传统媒体,加大宣传力度。此外,为加强农村防疫知识宣传,融媒体中心还推出《延庆村书记广播》,通过大喇叭广播的方式用延庆话向群众宣传防疫知识,诙谐幽默又接地气,对宣传防疫起到了一定的作用,确保了疫情防控宣传"最后一公里"的畅通。

(三)"报业独建"模式典型案例——湖南日报社浏阳融媒体中心

1. 中心建设和融合发展情况

湖南日报社是由湖南省委确定的湖南县级融媒体中心建设的省级技术平台单位。为助推全省县级融媒体中心建设,湖南日报社专门组建融媒体技术发展公司,编制《湖南省县级融媒体中心建设标准化方案》,投资4000多万元建成了"中央厨房"系统技术平台,为县级融媒体中心提供平台和技术支持。2020年底,湖南省完成各县市区融媒体中心挂牌工作,基本实现县级融媒体中心全覆盖。

作为湖南省两个被中宣部纳入重点联系推动的县级融媒体中心之一的浏阳融媒体中心,于2018年7月6日正式成立,由湖南日报社和浏阳市委宣传部共同打造,主体构成为原浏阳广播电视台和浏阳日报,是湖南日报社首个县级融媒体中心,也是"报业独建"模式的一个典型代表。作为湖南省唯一保留了"一报一台"的县级市,浏阳报纸、电台、电视台、网站、"两微一端"等传播平台体系完备。早在2014年,浏阳广播电视台即提出"全媒体价值链"发展思路,开始推进传统媒体和新媒体融合发展。经过几年的融合,尤其在成立浏阳融媒体中心后,实现了报台机构和人员的全面融合,焕发出新的生机和活力。

浏阳融媒体中心在融合发展过程中,积极推进管理、人员、采编、项目等全方位深度融合。① 管理、人员的融合。中心调整管理架构、整体推进人事调整、建立完善薪酬体系,形成"合二为一、统一管理、协调联动、高效运转"的媒体融合运行机制。② 平台融合。搭建大采编中心,设立融媒体"指挥调度室",实现全平台采、编、审、发一体化新流程,形成对"一报两台一网一端三微"八个市属传播平台和"新湖南""时刻新闻"等四个上级新媒体浏阳频道统一调度的协调联动、运转顺畅的融媒体运行机制。③ 与上级媒体融合。借助湖南日报社的平台和技术支撑,助力媒体融合进程。中心成立的同时,新湖南客户端浏阳频道也正式上线。④ 开发融媒体项目。运用"媒体+政务""媒体+服务"等模式,创新推进基层治理。如开发"在线教育"项目、就医"一卡通"项目,开发智慧党建、天天学习、掌上政务、文明实践等16个政务服务类项目和生活服务类项目。

浏阳融媒体中心在推动媒体融合的过程中,坚持"移动优先"策略,将掌上浏阳客户端作为浏阳融媒体建设的"龙头工程"和主力平台,打造一个集"智慧城市""媒体+"、电商平台、网络直播、跨域拓展等于一身的载体。并以掌上浏阳为依托,建设浏阳广电媒资库,实现内部数据共享,同时汇集储存各部门、各乡镇、各行业的信息;研发运用"三屏分发"技术平台,将新闻资讯、直播节目、社会公共服务信息等同步分发到手机端、PC端和30万电视用户终端、户外屏、广播终端。目前,该平台已成为浏阳信息量最大、点击量最高、最受群众关注的综合信息服务平台。

浏阳融媒体中心在内容呈现方式上也多种多样。除传统媒体外,还利用掌上直播、H5新闻、数据新闻等移动化、可视化的内容呈现来更好地服务用户,如掌上浏阳开设的直播浏阳栏目等。2018年1月,浏阳融媒体中心发起成立湘鄂赣手机直播联盟,联合直播受众覆盖了湘鄂赣周边市县3000万人口,提升了相应县域媒体的影响力。掌上浏阳还采用"大数据+H5"的形式,为用户呈现了各季度的"浏阳市环境数据报告""浏阳市交通数据报告"等可视化新闻,量化直观,深受用户欢迎。

2. 科技传播概况

(1) 日常科技传播情况

浏阳融媒体中心拥有完备的传播平台,日常在多种不同的传播终端上会发布一些科技信息及相关内容,在掌上浏阳App中设有智慧科普专题版块,发布科技新闻、科技事件及生活中的科学常识等。近几年来,在全国科普日活动中,浏阳融媒体中心都是承办单位之一。每年科普日活动的启动仪式都在浏阳融媒体中心演播大厅举办。2019年科普日举办专家在线访谈等活动,推出"浏阳掌上科普地图",使中国花炮文化博物馆、浏阳艺术科技博物馆等20个浏阳科普场馆可以在移动端轻松实现一键浏览、一键导航和一键拨号;2020年推出科普云课堂、科普专家在线访谈等。浏阳融媒体中心在全国科普日活动中始终发挥着重要的作用。

(2) 新冠疫情防控宣传情况

在新冠疫情的防控宣传中,浏阳融媒体中心发挥融媒体传播的优势,利用广播、电视、"两微一端""村村响"等多种模式进行疫情防控宣传,推出具有不同传播特点和地方特色的新闻产品。

掌上浏阳App是浏阳新冠疫情防控传播矩阵中的重要一环。据统计,2020年1月20日至3月14日,掌上浏阳App发布与疫情相关报道2523条,总点击量为2700万次。其中,与疫情相关原创报道542条,大多采用文字与图片结合的形式。微浏阳公众号在同时间段内发布与疫情相关信息总条数为155条,原创内容101条,多以图文或图文加视频形式出现。其中,有6条内容的阅读量超过10万次。村村响也是浏阳在新冠疫情中不可或缺的一种传播方式,大喇叭扎根农村,成为了传播到"最后一公里"的有力工具。

(四)"广电独建"模式典型案例——山东德州宁津县融媒体中心

1. 中心建设和融合发展情况

作为中宣部重点联系推动的全国 59 个、山东省 2 个县级融媒体中心之一的宁津县融媒体中心,于 2018 年 12 月正式成立。中心由县委宣传部新闻中心宁津报、宁津新闻网站,广播电视台及其所办新媒体以及县电政办大数据中心部分设施组建而成。通过对报、网、台、端、微等多平台地整合,实现"一体策划、一次采集、多种生成、多元发布、立体传播、全面覆盖"。中心集政策宣传、新闻传播、舆论引导、便民惠民、政务发布、智慧城市、网络电商等功能为一体,提升了主流媒体的传播力、引导力、影响力、公信力,成为宁津县党委政府的重要宣传平台。

2018 年以来,县财政累计投入资金和划拨资产超过 2000 万元建设融媒体中心。中心不仅整合了县内媒体资源,还将县大数据中心价值 1000 多万元的指挥调度大屏、数据机房等设施划拨组建"中央厨房",并打造了宁津县融媒体中心官方移动互联网融媒体平台智慧宁津 App。后又依托县融媒体中心打造了阳光村务管理平台、电梯物联网宣传和安全系统、应急广播等政务服务项目。

在融合机制建设方面,宁津县建立 1 个县级融媒体中心和 N 个基层分中心架构模式。每个分中心配备 2 名以上的特约记者、通讯员和必要的采编办公设备,还建立了新闻发言人、镇村通讯员、网络评论员、舆情信息员和理论骨干等宣发队伍。在县域以下地区新闻搜集整理过程中,首先由分中心制定详细的解决方案、明确重点工作,通过"中央厨房"将各站点信息、图片进行汇聚。加工后及时发布在"智慧宁津"及相关融合平台上,提高信息搜集的全面性与信息传递的时效性。

在融媒体产品生产方面,以公众关切的热点问题为导向,打造融媒体品牌如"第一资讯""阳光问政""V 新闻"等不同形式的产品;同时打造极具区域特色栏目:如"早安宁津""悦读者""鬲视频""津书评"等融媒产品。

各类融媒产品涉及民生的方方面面,为当地民众提供全面深入的服务。中心还对移动直播、H5产品、无人机航拍等新技术进行积极探索,不断丰富媒体融合的传播报道形式,实现媒体融合带来的技术赋能、资源赋能与内容赋能,扩大了宁津县融媒体中心的生产力与影响力。

2. 科技传播概况

(1)日常科技传播情况

宁津县融媒体中心的架构与导航,遵循乡镇、部门、服务模块建设,在整体建设过程中依托现有行政机构的体系。在科技传播方面,除日常通过不同媒体平台报道科技信息、科技事件等内容外,还会与相关部门合作,对科普活动等进行相应传播。例如与县卫健局、县疾控中心合作,组建"宁津县健康教育专家库",开展"庆祝建党一百年 为民办事一百件"活动,对各医疗卫生机构进行业务培训等内容,在智慧宁津平台上进行发布。县科协举办"科技工作者日活动"、农业农村局开展"科普下乡活动"等内容都纳入智慧宁津"我为群众办实事"的栏目中,有效将县域中心工作与各职能部门工作相结合,实现全县协同科技传播的目的。

(2)新冠疫情防控宣传情况

新冠疫情发生后,宁津县融媒体中心发挥媒体融合作用,建立日调度机制,集合各生产部室力量做好宣传工作。中心在广播、电视、报纸、新媒体等各端大密度播出党委政府防控举措、防护知识信息,随时更新,并持续加大原创内容生产力度,每天制播抗击疫情新闻、资讯、专题、公益广告100多条。从2020年1月26日开始建立图文直播通道《在一线 在一起 坚决打赢疫情防控阻击战》,每天24小时,随时更新,参与人数1.3万。2020年1月27日,正式开通全县应急广播,通过全县120处应急广播点,把最新疫情消息和疫情防控知识及时传递到千家万户。2020年1月29日,宁津调频广播FM95.2开辟"众志成城 防控疫情"特别节目,全天6小时直播,并发挥微博、微信等渠道优势,实行多端发布,取得了较好的传播效果。

（五）陕西华阴市融媒体中心

1. 中心建设和融合发展情况

2019年1月22日，陕西省渭南市首个县级融媒体中心——华阴市融媒体中心正式上线运行。华阴市融媒体中心始建于2018年11月，以华阴广播电视台为基础，融合市域内外宣、网信、微信公众号、自媒体，进行新闻采编的全面再造，建成"一次采集、多次生成、多元发布、多级放大、多渠道融合、多平台互动"的融媒体"中央厨房"。

首先，华阴市融媒体中心对软硬件进行了全面改造。在硬件方面，改建融媒体采编大厅，建立了融媒体指挥中心，安装15 m² LED展示大屏，打造了现代化硬件采编环境。从2019年6月起，融媒体中心建立了应急广播系统，根据华阴市不同村镇和地形地貌进行总体规划设计并安装实施。截至2020年4月，华阴市114个行政村共安装大喇叭2126个，基本实现全覆盖。在软件方面，开发了爱华阴手机客户端。作为华阴市融媒体中心主办的"新闻＋政务＋服务"综合平台，它是权威的舆论宣传主阵地，开设了新闻、直播、电视、广播、服务、"爱华阴"等栏目，整合了市域内网站、微信、微博、短视频等自媒体和部门、镇（办）、社区、村组政务服务资源。用户可通过客户端，第一时间了解华阴政治、经济、民生、服务等方面的最新动态，同时提供各种便民服务，还可参与实时互动，实现"一端在手，尽享智慧"。

其次，华阴市融媒体中心进行了机制融合。该中心整合了市域内宣传资源，设置七个融合性采编科室，融合市域内外宣、网信、广播电视、微信公众号、自媒体，进行新闻采编的全面再造，让资源整合实现宣传效益最大化，同频共振，同声发音，形成上下良性互动的立体化"宣传大格局"。

通过建设，华阴市融媒体中心实现了看电视、听广播、网络宣传、县内党政网站链接、问政投诉、网络和广播电视并机直播、生活圈展示、新闻资讯汇总、第三方网站链接、直通镇街等多功能于一体，"三屏一声"全覆盖的融媒体展示平台。

2. 科技传播概况

(1) 日常科技传播情况

除了日常在传统媒体和新媒体渠道发布一些科技信息及相关内容外,华阴市融媒体中心的科技传播主要通过爱华阴 App。在爱华阴 App 的首页设置了医疗科普的宣传栏,并在华阴头条、基层动态、综合栏目中都有科普的内容。主要包括:科普活动相关报道,对科普(科协)、应急科普(应急管理部门)相关通知与内容进行传播,日常科学知识的普及。该平台做了大量公益性的宣传,资料的来源主要出自学习强国、科普中国、中国应急管理信息网等,为受众提供了较好的科学传播服务。

(2) 具有地域特色的新冠疫情防控宣传

华阴市融媒体中心在面对突发疫情的状况下,利用多种方式进行了宣传报道,颇具地域特色。其中最主要的传播手段是采取定时和不定时方式,将防疫政策、信息、防控知识等内容通过应急大喇叭进行传播,为基层防疫工作提供了适合的宣传渠道与方式。除了基本的防疫信息外,还有一些颇具亮点的传播内容,如当地群众根据地域特色,用快板、顺口溜、秦腔等辖区内居民习惯的乡音制作防疫宣传内容,由融媒体中心制作成相应的音频节目,及时通过应急大喇叭在该市所有农村和社区播放。除此之外,还利用电视、广播、微信公众号、手机客户端、抖音、微博等形式推出疫情宣传系列作品 90 余个,迷胡唱段《打赢抗击病毒战》、音乐 MV《最美的温暖》、原创歌曲《英雄》、快板《众志成城显神威》等一批作品受到群众的广泛好评。

(六) 陕西蒲城县融媒体中心

1. 中心建设和融合发展情况

2019 年 11 月 27 日,蒲城县融媒体中心正式揭牌。中心即原蒲城县广播电视台,共设置 12 个部门,其中综合管理部门 4 个(办公室、监察室、党办、外联部),业务部门 8 个(总编室、技播部、新闻专题部、广告部、传媒艺术中心、新媒体中心、电视台新闻中心、电台运营中心）。

蒲城县融媒体中心坚持"移动优先"的原则，进行多媒体融合发展。中心依托省级平台"秦岭云"开展建设，按照"新闻＋政务＋服务"的统一定位，实现媒体传播的"最后一公里"。一方面投入开发了爱蒲城 App 客户端，加大媒体融合的渠道，另一方面开通了央视蒲城融媒矩阵号、央视移动蒲城融媒矩阵号、蒲城外宣今日头条号、蒲城融媒抖音号、蒲城新闻网微信公众号以及蒲城融媒微博等七大媒体平台。通过"一次采集、多次生成、多元发布、多级放大、多渠道融合、多平台互动"的"中央厨房"模式，以融媒体平台技术为依托，加大信息的互通与互融。截至 2021 年 2 月初，手机客户端爱蒲城 App 下载量 40000 余次，推送信息 1680 条，视频新闻 252 条，民生专题视频 98 条，图文 3623 条，电视端口内容资讯 2345 条，配合省市直播链接创建 13 条次，自建直播活动链接 6 场次。微信公众号内容推送 435 条。融媒微博内容发布 320 条，阅读量超过 80 万次。融媒抖音短视频内容发布 323 条，播放量 8349 万次。

2. 科技传播概况

（1）日常科技传播情况

除通过电视等媒体进行一些日常科技新闻、科技事件等报道外，蒲城县融媒体中心还会与县科协合作，对大型科普活动进行报道，如中国流动科技馆陕西巡展蒲城站展览、2020 年全国科普日活动、防灾减灾日科普宣传、水生野生动物保护宣传等，较好地实现了"新闻＋政务"的融合。在爱蒲城平台"每日健康提示"子栏目中，对日常生活中的健康科普、医疗科普也有涉及。同时，将科普内容融入宣传报道中去，设计带入感较强的科普产品，发挥了科普益民的公共服务功能，增强了公众与县级融媒体及平台的黏性，提升了科技传播的效果。除此之外，还设有应急科普专栏，对地震、暴雨、火灾、溺水、山体滑坡等进行避险宣传。

（2）通过"281"进行新冠疫情防控宣传

面对突发的新冠疫情，蒲城县融媒体中心统筹整合各类媒体资源，充分利用"281"载体形成宣传合力，开展疫情防控宣传工作。"281"分别代表 2 个专栏、8 个平台和 1 套应急广播。

"2个专栏"即县融媒体中心和大数据中心分别开设的"众志成城 战疫情"和"防控新型冠状病毒肺炎 蒲城在行动"专栏,专题报道疫情防控工作动态。"8个平台"即整合了爱蒲城App、政府网站、蒲城广播、蒲城新闻微信公众号、秦岭云电视端、今日头条蒲城外宣、蒲城发布微信公众号、蒲城发布微博账号媒体宣传平台,形成疫情防控宣传合力。"1套应急广播"即充分发挥应急广播有声传播的优势,全县各村(社区)利用870个应急广播大喇叭(音柱)进行疫情防控宣传,引导广大群众提高防护意识。"281"作为疫情宣传防控的载体,发挥了重要的作用,凝聚起全县广大干部群众抗击疫情的力量,树立了坚决打赢疫情防控阻击战的信心。

三、县级融媒体中心科技传播主要方式

国家大力推进县级融媒体中心建设并已经基本实现全覆盖,为科技传播提供了一个更为有利的媒体生态环境。如何利用好县级融媒体中心进行科技传播,也是摆在我们面前的一个重要问题。根据前述案例中的科技传播情况可以看到,当前县级融媒体环境下开展科技传播的方式主要有以下三种。

(一) 以新闻报道方式开展科技传播

目前,县级融媒体中心主动开展科技传播工作的相对较少,所做的与科技传播相关的工作主要是通过新闻对一些科技、科普相关内容进行报道,这些内容主要包括:对重大科技新闻、事件的报道;对各级领导参与科普工作的视察、各级科协领导的讲话及科普工作调研等内容的报道;对科协的工作、与科普工作相关的通知、评选、表彰、流动科技馆巡展等进行宣传与报道;对不同部门组织的各项科普活动的相关报道。在县级融媒体中心传播的内容中,虽然有明显的随机性且无法预测,属于"新闻+政务"的性质,但与科技、科普工作相关,提升了基层公众对科技、科普相关内容

及机构的认知与了解。

（二）以设置频道、专题和机构入驻等方式在融媒体中心客户端开展科技传播

从前述的六个案例中我们不难发现，县级融媒体中心的客户端在整个县级融媒体传播体系中担当了重要的角色。在各区县开发的客户端中，有一些客户端设置了专门与科技、科普相关的频道或专题，如掌上浏阳 App 中设有"智慧科普"专题，爱华阴 App 的首页设置医疗科普宣传栏等；有一些客户端有科协机构入驻，如延庆科协入驻北京延庆 App 的延庆号。除此之外，在客户端的很多频道、专题中也包含一些科技传播内容，如北京延庆 App 中"农业农村""社会民生"等栏目，爱蒲城 App 的"每日健康提示"栏目里都有相关内容。

县级融媒体中心科技传播的素材主要来自于国家级权威平台。例如，在抗击新冠疫情期间，县级科协和县级融媒体中心联手，从科普中国上获取权威疫情防控科普内容，以及前沿科技、健康生活、应急避险、实用技术等，将文字、视频、图片等多种类型的资源进行聚合和再创作，面向学校、农村、社区及其他公共场所，进行精准推送。同时，从中国应急管理信息网上获取一些应急的科普图片、内容，从省级防疫、卫生部门获取有关医学健康的内容，还从学习强国上转载一些生活常识。此外，自创具有当地特色的科普资源也是县级融媒体中心科技传播的重要素材来源。在面对新冠疫情这样的突发重大卫生事件时，县级融媒体中心能够根据需要创作部分科普资源，并在创作中融入区域特色文化，如采用秦腔创作的科普视频非常受欢迎。

（三）以活动为契机开展科技传播工作

县级融媒体中心参与科技传播的主要方式之一是参与科普活动。一些县级融媒体中心在大型科普活动中作为承办单位，利用县级融媒体中心的平台、渠道、人员、技术等向全国科普日、科技活动周、科技工作者日

等大型公益性活动的直播、宣传等方面提供有效支撑。如浏阳融媒体中心连续几年都是全国科普日活动的承办单位,宁津县融媒体中心对"科技工作者日活动""科普下乡活动"进行平台宣传支撑等。同时,县级融媒体中心也与本级科协或其他相关单位合作开展一些有偿的科技传播活动。无论是怎样的合作方式,都有效解决了县级科协等相关单位在基层科技传播"最后一公里"过程中人员不足、技术不足的问题,取得了良好的传播效果。

四、县级融媒体中心建设和科技传播中存在的主要问题

(一)县级融媒体中心建设中存在的主要问题

从2018年至今,县级融媒体中心的建设在全国基本实现了全覆盖,推进速度相当迅猛,但也因此造成了在体制机制、资源整合上的不完善。同时,县级融媒体中心在内容建设、人才、资金等方面也存在明显问题。

1. 融合流于表面,体制机制改革还需进一步深化

我国区县众多,已建成的县级融媒体中心有2000多家。由于在政治、经济、科技文化水平等方面存在地域差异,很多县级融媒体中心虽然搭建完成,但并未完全实现在体制机制上的改革。其中有一些县级融媒体中心体制仍处于相对僵化的状态,缺乏有效的激励机制,导致整体活力严重匮乏、市场化能力缺失、服务意识和能力都较为低下;还有一些县级融媒体中心虽然在一定程度上进行了改革,但仍存在多头管理、重复设置等可能造成效率低下、资源配置不合理的问题。这些都会使县级融媒体后续运营乏力,不足以支撑融媒体的持续发展战略。在资源整合方面,虽然基本上本着"一次采集、多种生成、多元发布"的原则打造融媒体平台,

但一些县级融媒体中心更多的是在形式上将各种不同媒体聚集在一起，并未实现真正意义上的资源融合，以致当各种客户端、微博微信号在数量上大规模增长的同时，也出现了质量不精、信息分散与资源浪费等一系列的问题。在上述的六个案例中，我们选择的多为具有代表性的、融合较好的案例，但像这样的案例在全国2000多家县级融媒体中心中所占比例仍是少数。在融合逐渐深化的过程中，县级融媒体中心所面临的问题会更加清晰地显现出来。

2. 内容生产能力不足，产品不能满足公众需求

县级融媒体中心的主要功能之一就是主流舆论阵地，是地方重要的新闻信息制作、发布和传播的渠道。传播的内容来源主要有两方面，一方面来自上级媒体平台和其他媒体，一方面是自身生产制作。目前，县级融媒体中心普遍存在本身内容生产能力不足的问题，很多融媒体平台上传播的内容都依靠对外界信息的搬运、加工和网络组稿，县级新闻网、客户端等平台的主要内容很多转载自传统媒体，只有部分新闻内容由党政机关各部门供稿，自身原创内容不足，优质的原创内容就更加缺乏。除此之外，县级融媒体平台在界面友好度、用户体验、产品活力、内容丰富性和趣味性等方面也缺乏吸引力，加上不注重互动性、传播策略比较简单，在整个信息传播过程中处于被动地位，平台影响力和传播效果有限。

3. 县级融媒体中心专业人才匮乏

媒体融合对媒体从业人员的素质提出了更高的要求，但目前多数县级融媒体中心人才队伍的综合素质和能力远远不能满足融媒体中心建设的高标准和高要求。对于运营管理者来说，要以新的思维方式应对新传播环境下的媒体运营。对于采编人员来说，不仅要掌握新闻业务知识，同时还要有全方位的编辑技能，熟悉电脑和网络知识并能综合使用文字、图像、视频等传播手段。但由于目前一些县级融媒体中心员工专业素质不足，年龄结构整体老龄化，优秀人才尤其是技术人才短缺，同时还缺乏有效的培训机制，员工能力提升空间十分有限，因此人才队伍结构不合理，专业人才极为匮乏。

4. 县级融媒体中心建设资金短缺

在县级融媒体的建设中,许多地方存在着资金短缺的问题。平台的搭建需要相应的软硬件设施,这对于经济较落后的地区来说是一个很大的难题。因此,解决资金问题对于平台的建设十分重要。县级融媒体中心的资金来源渠道相对较为单一,其主要收入源于财政拨款与单位自主创收。对于实力强的经济发达地区来说,只要当地给予充分的重视,县级融媒体中心建设的资金就会相对充足。但对于实力弱的经济落后地区来说,很难给予充足的资金保障,再加上地域空间的限制,市场、资本的驱动能力有限,生产能力严重不足。

(二)在科技传播方面存在的主要问题

1. 县级融媒体中心普遍缺乏科普服务意识

早在2016年,习近平总书记在全国科技创新大会、中国科学院和中国工程院院士大会及中国科协第九次全国代表大会上就强调:科技创新、科学普及是实现创新发展的两翼,要把科学普及放在与科技创新同等重要的位置。但目前的县级融媒体中心普遍缺乏科普服务意识。通过前述案例及目前县级融媒体中心科技传播模式的分析不难看出,有意将科技和科普纳入融媒体传播平台中的县级融媒体中心相对较少,即使是建设较好的县级融媒体中心也存在同样的问题。除了对一些重要的科技新闻、科技事件及重大突发事件(如新冠疫情)进行报道、参与一些科普活动外,其他与科普相关的内容较少,且都分散在不同主题、专栏里,并没能借助融媒体平台发挥出更大的作用,无法更好地提升基层群众的公民科学素质。

2. 传播内容相对匮乏,形式较为陈旧

从前述案例阐述中可以看到,虽然融媒体平台的多端多元传播、直播等优势突出,但在日常的科技传播中还存在内容相对匮乏,形式陈旧、单

调，难以吸引人等问题。部分县级融媒体中心有一些科技传播相关的内容，但也有部分融媒体中心基本没有科技传播的相关内容。在有一定科技传播内容的融媒体平台上，信息多以图文等形式存在，运用新手段新形式进行科技传播的内容相对较少。有的地区科协、科委虽然入驻当地县级融媒体平台，但除政务外能提供的科技传播内容极为有限。而在一些融媒体平台上虽有专题设置，但内容建设跟不上，如掌上浏阳的"智慧科普"专题，仅提供了几篇文章。整体状况如此，更不用提优质的原创科技传播内容了。虽然在新冠疫情期间，有些县级融媒体制作了一些有地方特色的宣传产品，但其创作却未能持续。因此，加强县级融媒体中心科技传播内容建设也是重要任务之一。

第六章

提升融媒体科技传播能力的对策和建议

一、国家层面：加强顶层设计，出台扶持政策

二、融媒体平台：全方位提升自身科技传播能力

三、各级科协及其他相关部门：增强合作意识，提供科技传播资源，创新传播模式

通过前文中对中央级、省级及县级融媒体中心建设及科技传播情况的分析可以看到,我国经过几年的媒体融合发展建设,各级媒体不仅打造了全新的传播平台,同时也带来了体制、机制的变化以及传播理念的提升,新的媒体生态系统已基本形成。然而,在深度融合发展的过程中,出现各类问题也是不可避免的,尤其是融媒体科技传播的能力亟待提升。本章为充分利用融媒体平台开展科技传播提供以下思路。

一、国家层面:加强顶层设计,出台扶持政策

科学素质是公民素质的重要组成部分,是社会文明进步的基础。提升科学素质对公民树立科学的世界观和方法论,对增强国家自主创新能力和文化软实力、建设社会主义现代化强国,都有十分重要的意义。为全面提升公民的科学素质,早在 2016 年,习近平总书记就强调:科技创新、科学普及是实现创新发展的两翼,要把科学普及放在与科技创新同等重要的位置。2020 年,我国公民具备科学素质的比例为 10.56%。而在最新的《全民科学素质行动规划纲要(2021—2035 年)》中提出的目标是:2025 年我国公民具备科学素质的比例超过 15%,各地区、各人群科学素质发展不均衡明显改善。若要实现这一阶段性目标,就必须采取相应的方法和手段加强科技传播,以期公民科学素质得到快速提升。

目前,随着我国各级融媒体平台建设的基本完成,新的媒体生态系统

将在治国理政中发挥更大作用,也为科技传播提供了更为广阔、便捷的平台和丰富的传播手段。但作为科技传播的重要途径,很多媒体在开展此项工作时没有足够的重视,缺乏主动意识,在不同程度上有所欠缺。因此,加强顶层设计、出台相关的方针政策对于引导、推动融媒体平台科技传播工作的开展至关重要,是提升融媒体科技传播能力的发动机。

从宏观上讲,加强顶层设计,可以在省级和县级融媒体平台上,将科技传播内容与平台"新闻＋政务＋服务"内容相结合,逐步推进科技传播工作由浅入深。在媒体内容建设中,可以通过融媒体平台的不同渠道创作或传播更多的科技内容;在政务服务类内容建设中,可以更多地发布科普信息、科普工作的新闻等;在公共服务类内容建设中,可以将科技传播内容与民生服务、文化服务、教育服务等有效衔接起来。

具体到出台相关的方针政策,可以从以下几方面考量:首先,以媒体传播与科普工作的有机融合为前提,建立各级科协与各级融媒体中心合作机制。可以通过中国科协联合中宣部、国家广播电视总局等部门提出指导意见,将科普工作嵌入各级融媒体中心的工作中,明确媒体的责任、科协的责任、内容与要求以及相关的激励、保障措施;其次,根据不同级别的融媒体平台特点,出台加大、加强科技传播内容的相关政策;最后,制定相应扶持政策,在科普专项资金、媒体人才培训等方面给予一定支持,助推各级融媒体中心开展相关工作。

二、融媒体平台:全方位提升自身科技传播能力

(一)强化自身科技传播和科普服务意识

各级融媒体平台要想提升科技传播能力,首先要强化自身科技传播和科普服务意识。省级融媒体平台和县级融媒体中心的基本职能已不应局限于新闻生产,还要承担政务和服务等功能。作为科技传播的重要平

台，融媒体平台应转变宣传部门的传统思维，强化自身科技传播和科普服务意识。只有认识到这项工作的重要性，有意识地通过平台主动开展更多相关工作，才能提升科技传播的能力。尤其对于县级融媒体中心来说，作为触达人民群众的"最后一公里"，多数平台刚刚搭建完成，体制机制仍需革新，平台功能也需要进一步完善，科技传播的意识普遍薄弱。只有尽快树立起科技传播和科普服务的意识，将科技传播纳入平台内容建设之中，才能改善县级融媒体中心科技传播较弱的现状，同时也为科协及其他相关部门开展工作提供更加高效便捷的服务。

（二）加强科技传播内容建设

从对各级融媒体平台的科技传播情况分析中可以看到，不同级别的融媒体平台在科技传播工作上存在着较大的差异。中央级主流媒体通常有针对科技传播内容的专门设置，无论在内容的数量、质量，还是权威性、及时性及传播手段的多样性上都领先于其他媒体。省级融媒体平台和县级融媒体中心在内容建设上还需要进一步加强。

1. 提升省级融媒体平台原创科技内容的数量和质量

省级融媒体平台的科技传播内容主要来源于电视栏目、网站的相关频道、客户端的专题等，但多数省份原创高质量科技栏目的数量较少，有的甚至没有。电视栏目的主题也有一定的局限性，基本以健康、养生类内容为主；网站的相关频道大多更新较慢，内容较为陈旧；客户端等移动平台内容普遍不够丰富，形式也不够新颖，多以图文为主。

鉴于上述情况，省级融媒体平台无论从自身传播角度还是作为县级融媒体中心资源的主要提供者来看，都应该在原创科技栏目上加大建设力度，不仅要实现传播内容数量上的跃升，也要在提升质量上下工夫，打造出一些像《养生堂》这样的品牌栏目，扩大影响力，获得更好的传播效果。同时，也要扩展科技传播主题的范畴，除了健康养生类，在基础科学知识、技术或不同的专业科技领域也要加大内容传播，实现传播主题的多样化。并且，在传播的内容中也要重视科学方法、科学思想、科学精神的渗透，以全面提高公众的科学素养。

2. 加强县级融媒体中心科技传播资源建设及内容传播力度

对于科技传播资源匮乏的县级融媒体中心而言，加强资源建设、加大科技内容传播力度是提升科技传播能力的重要方式。

（1）充分利用省级融媒体平台及相关部委提供的科技资源进行传播

由于受经济、体制、理念、人才等多方面因素限制，县级融媒体中心很难完全依靠自身来建设科技传播资源。而在我国新的媒体构架中，融媒体平台实现了省县联通，因此省级融媒体平台是县级融媒体中心获取科技传播资源的一个重要来源。充分利用省级融媒体平台的已有资源在县级融媒体中心进行传播，能够有效地填补县级融媒体中心自身资源的缺口。除此之外，要积极联合科协及科技、教育、卫生等其他相关部门，共建共享科技传播资源，通过多元主体参与，解决媒体自身资源建设能力不足的难题。

（2）县级融媒体中心自行打造原创科技传播内容

对于一些综合实力较强的县级融媒体中心，可以自行打造一些原创科技传播内容。在做好市场分析的基础上，充分考虑可支配的资金、技术、人员等条件，开发适合县域传播渠道与传播内容的原创性科技传播内容。县级融媒体中心应以本地群众的传统文化、习俗、收视习惯等为出发点，准确定位节目理念，细分目标受众，发掘本地群众关心的热点话题，合理安排节目内容和传播方法，以老百姓喜闻乐见的形式打造具有当地特色的科技、科普品牌，以提升公民的科学素质。

（3）加大科技内容的传播力度，实现多渠道传播

应加大县级融媒体中心科技相关内容的传播力度，在遵循传播规律的前提下，通过电视、报纸等传统媒体端增加节目的播放比例和版面，在新媒体端根据不同平台的传播特征采取不同的形式进行传播，尤其应充实客户端、微博、微信等平台的科技、科普内容，以实现融媒体中心的全平台、多渠道传播。

3. 创新科技传播内容的形式

鉴于技术发展给传播形式带来更多可能性及融媒体平台传播渠道本

身的多样性,创新科技传播内容的形式成为提升传播效果的一个重要方式和手段。目前,主流媒体的主阵地已逐渐向移动端倾斜,以短视频为首的新的传播形式发展正朝气蓬勃。据 CNNIC(中国互联网络信息中心)发布的第 48 次《中国互联网络发展状况统计报告》显示,截至 2021 年 6 月,我国网络视频(含短视频)用户规模达 9.44 亿人,较 2020 年 12 月增长 1707 万人,占网民整体的 93.4%;其中,短视频用户规模达 8.88 亿人,较 2020 年 12 月增长 1440 万人,占网民整体的 87.8%。因此,各级融媒体平台必须根据传播发展的新趋势及受众获取信息习惯的改变不断创新传播方式,通过短视频、不同平台的直播、VR 直播及 H5 等不同形式打造多样化的科技、科普内容,同时将已有优质资源进行转换或剪辑,吸引更多的受众,进一步提升传播效果。

4. 建立科技传播内容的评估机制

由于对科技传播内容的科学性、准确性具有严格的要求,因此在加强科技传播内容建设的同时还应健全完善其内容评估机制。一方面,要组建专业的评审队伍对融媒体平台中各类科技传播内容进行严格审核,保证内容质量,避免伪科学对受众产生负面影响,避免出现鱼龙混杂、良莠不齐的局面,造成资源的浪费与误读;另一方面,要将科学领域内的专业人士与媒体从业者结合起来,将专业性较强的理论知识转化为受众易于理解和接受的表达方式,在保持传播内容严谨、客观的同时,又不失大众性和趣味性。

(三)拓展传播范围,线上线下"双管"齐下

为扩大科技传播的范围,应增强融媒体平台的传播力、引导力、公信力和影响力,实现线上线下"双管"齐下。除了优化融媒体科技传播的"线上"流程,做好融媒体平台的立体传播外,还可以在线下与其他部门进行合作,积极开展科技传播活动,如天津科教频道联合其他机构举办的"天津科技大讲堂""科教校园行"等线下活动,都取得了较好的传播效果。

（四）加强队伍建设，培养新型全媒体人才

融媒体队伍的建设对于传播质量有至关重要的影响。目前，各级融媒体平台都存在一个共同问题——人才问题。由于融媒体平台搭建后对人才队伍提出了更高的要求，因此，提高融媒体从业人员素质成为十分迫切的问题。尤其是对县级融媒体中心而言，人才匮乏状况更为严重。为提升媒体人员的传播能力，首先，各级融媒体中心需要建立相应的培训机制，提升管理人员、采编人员基本业务能力。对原有管理、采编人员采取"走出去"（向其他单位兄弟取经）、"请进来"（邀请媒体融合领域专家到中心进行培训）的多方位、综合化的培训，实现传统媒体人从单一向全能的转变。其次，健全人才激励保障机制，引进更多优秀的新型媒体人才加入各级融媒体平台工作，不断强化各级平台的人才队伍建设。

（五）加强应急传播能力建设

媒体是突发公共事件科学传播源头与接收者的桥梁。突发公共事件是公众密切关注的话题。因此，应急科技传播能力就显得尤为重要。媒体在舆情的关键时刻及时发声，做出科学的解读，对安抚公众情绪、保持社会稳定具有非常大的作用。

为在应急环境下能迅速有效地进行科学传播，媒体需要建立健全协调联动机制，搭建与各方沟通的桥梁，构建新的应急环境下的科学传播主体。以本次新冠疫情初期为例，媒体平台应急科普资源储备不足，媒体与科学家对接不畅等问题都有所显现。因此，建立协调联动机制十分必要。各省级融媒体平台应与各方确定合作的模式、方法，形成科学传播内容策划、生产、发布的模式，构建应急环境下的科学传播生态。

三、各级科协及其他相关部门：增强合作意识，提供科技传播资源，创新传播模式

（一）增强利用融媒体平台进行科技传播的意识

借助制度化优势打造的新时代治国理政新平台，让融媒体成为科技传播的重要战略支点。在新的媒体格局已经构建完成的情况下，各级科协及相关部门应该充分认识到融媒体平台对科技传播的重大意义，增强利用融媒体平台进行科技传播的意识。通过加强与各级融媒体平台的合作，将在较大程度上提升科技传播的效率和效果。

（二）加强与融媒体平台合作，提供科技传播资源

以中国科协为代表的各级科协、相关部委和其他相关单位，在以往的工作中，已经积累了相当数量的科技传播资源，也打造了像科普中国这样的科普资源共建共享平台。在新的传播体系下，加强与各级融媒体平台的合作，不仅可以为融媒体平台提供科技传播内容，支撑其开展科技传播工作，还可以将这些资源的传播效果最大化。下面以科协系统为例，提出其与融媒体平台合作发力、共同做好科技传播工作的策略和建议。

1. 明确传播内容，找准科技传播着力点

各级科协与融媒体平台合作，主要可以围绕以下两个方面内容开展传播。

(1) 共享以提升公民科学素质为目标的科技传播资源

围绕公众所需的科学知识开展科技传播，需要以提高公民科学素质常态化的内容为着力点，加强对现有权威资源的利用和再创作，减少资源

浪费，提高传播效率，同时加强资源的共建共享。2015年中国科协自建了科普资源库，并形成了具有一定影响力的品牌——科普中国。科普中国自创建至今，不断增强对信息资源的整合优化能力，秉承"众创、严谨、共享"的服务宗旨，向全国公众提供更加科学、权威、准确的科普信息内容，让更多的科技知识资源能够在网上和日常生活中广泛传播。当下，各级科协应积极将中国科协入库的海量资源融入当地融媒体资源池，加大对科普中国品牌的推广，将现有资源有效地导入各级平台与媒体矩阵中，提高传播的广度与深度。

（2）围绕科协重点工作开展融媒体传播

各级科协要以融媒体平台为依托，运用现代信息化手段，实现针对科协的品牌性活动、重点项目和学会的重要活动、会议的资料采集，统一发声、协同宣传，更好地推进科普工作的开展。通过科协的信息资源采集与传递，传播科协的声音，树立科协组织在广大人民群众中的良好社会形象，弘扬科学家精神，激励广大科技人员勇攀科学高峰。

2. 了解关键节点，明确科技传播切入点

融媒体平台的关键是策、采、编、审、发、统的生产流程，以此为主线构建起融媒体传播网络。各级科协应了解当前科技传播的路径，从该流程的不同阶段切入可以有效地开展科技传播工作。

（1）在策划阶段切入

这是最简单的合作模式，同时其专属性也是最强的。各级科协提出战略发展规划、确定科普工作和媒体传播的任务与要求，通过项目或政府购买服务的形式在策划阶段进行切入。例如，有的地方在明确科普工作的要求、内容、数量及传播效果后，以项目为引导，通过融媒体中心开展报道，进行科普资源创造和科普活动开展等。

在此阶段切入，各级科协需要考虑的问题是：① 能否进行详细的规划与设计，并按照年度执行；② 能否对科普服务的要求以及要达到的效果进行说明；③ 能否对应急的内容、突然增加的项目做好预案。

（2）在信息采集阶段切入

在信息采集阶段切入也是投入量较小的一项工作，这一阶段最容易

推行。

如果从信息采集阶段切入,数据来源可以分为两类。① 以科普中国为主,多方聚合各类权威科普信息资源。科普中国将国内优质的科普资源网站进行汇聚,形成科技传播矩阵,让各融媒体中心能在科普中国平台上一站式获取。② 中国科协提供具有公信力的科普网站清单,如专业性的网站、省级平台认定的网站,在内容上、专业性上都达到相应的标准与水平。将这些网站中的科普资源提供给省级融媒体平台,使各融媒体平台在进行科学传播时可免费使用。

采集的节点也可以分为两种。① 从省级融媒体平台进行集中采集。在固定栏目中整体推荐,可以将科普资源直接推送到各县级融媒体平台,保证全省的一致性与协同性。② 省级和县级融媒体中心进行平行采集,既可以有全省统一的动作,也可以有县级融媒体中心个性化的内容。

(3) 在编辑阶段切入

在编辑阶段切入,具体来说就是将各种科普资源进行有机整合,按照不同的科普对象特征及传播渠道特点,向各平台分发和推送。

对于一些有较好创作能力的融媒体中心,可以采用建立科普融媒体资源库的形式进行资源导入。导入的方式有两种,一种是完整的科普资源,无需制作直接取用,另一种是提供相关科普素材,让融媒体中心有创作能力的人根据需要进行二次开发(如广东应急科普融媒体服务平台案例)。新创作的科普资源可以在审核后纳入科普融媒体资源库,丰富原创科普资源。

(4) 在发行阶段切入

发行阶段是传播的最后一个阶段,建议成立省级科协的科普融媒体传播中心,利用这一融媒体中心开展科技传播工作,并与各级融媒体中心开展常态化合作,促进科技传播工作在融媒体平台上完成最后一步。科普融媒体中心可以借鉴教育融媒体中心的模式,或以实体化方式存在,或像联盟一样虚拟经营。

3. 依靠专家库资源,服务融媒体科技传播工作

科协是科技工作者之家,有着得天独厚的人才优势,也有相应的专家

库资源。这一人才资源库可以为融媒体平台进行高质量的科技传播提供专业知识培训,指导科技传播的方向和内容,为科技传播在融媒体平台中的全面展开提供支撑。

(三) 创新可行的融媒体科技传播模式

前面介绍了融媒体科技传播的一些新模式,如浙江科学传播融媒体联盟和江西省科学传播融媒体联盟、陕西省融媒体科学传播联盟等。虽然这些融媒体科技传播的新模式对推动融媒体科技传播起到了一定的作用,具有开创性的意义,但也存在缺乏有效的运行机制,各方力量的影响力未能充分发挥,资源利用不够充分等问题。

创新可行的融媒体科技传播模式,应该从以下三方面入手。

1. 借鉴联盟组织形式,广泛动员社会力量,加强社会化科技传播平台建设

以陕西省融媒体科学传播联盟为例,将省内的主要媒体、知名高校和企事业单位全方位纳入联盟之中,搭建了一个更为广阔的科技传播的社会化平台。组织形式上的创新将融媒体与科技传播更为紧密地联结在一起,更重要的是能够动员更多社会力量共同推进科技传播工作。通过联盟内成员的协调与配合,促进科协在科技传播战略上的转型升级。目前,加强社会化科技传播平台的建设,是推进科技传播的有效手段,可供各地学习和借鉴。

2. 建立可行的联盟运行机制

一套可行的联盟运行机制是保障联盟有效开展科技传播的重要一环。在融媒体环境下开展科技传播,除了需要思考传播的路径、传播的内容以外,融媒体联盟作为具化的推进者,更需要对其机制体制进行全新的思考。在联盟形成之后,联盟关系如何维系和如何更好地融合发挥作用是面临的重要问题。这就需要明确联盟中各方经费投入与管理,科协与企业之间的委托服务关系等。对公益性的科普活动以及营利性的科普服

务的收益如何分配,知识产权的归属等问题都要依靠于利益共享机制的建立,以保证联盟的持续发展。

3. 以联盟形式撬动高校资源,建立适应融媒体科技传播需要的人才培养和培训机制

虽然陕西省融媒体科学传播联盟成员中包括了几所知名高校,但并没有专门的针对融媒体科技传播人才的培养和培训机制。这不仅仅是一个区域的问题,而是全国各地传播行业的整体问题。目前,在融媒体传播已成为主要传播模式的情况下,对新型传播人才的需求相当迫切。因此,建立适应融媒体科技传播的人才培养和培训机制也是一个重要的课题。自上及下的各级科协可以结合实际情况,以联盟形式撬动高校资源,联合培养适应于目前融媒体科技传播的高水平专业人才。